W0403192

RÉCITS BARBARES

GÉRARD MANSET

RÉCITS BARBARES

ALBIN MICHEL

© Éditions Albin Michel, 2019

Ô jeunesse, printemps de la vie ! Soyez bénis, enfants, dans votre extase ! vous dont l'âme est simple comme la fleur, vous dont les paroles, évoquant d'autres souvenirs *à peu près pareils* à ce premier rendez-vous, font verser de douces larmes à un passant !

Villiers de L'Isle-Adam,
Contes cruels

1.

PERLE ET BICHE

Perle et Biche se retrouvaient sur un petit monticule qui surplombait une longue clairière à la lisière de la forêt. C'était pratique, ni trop près ni trop loin. De quoi ? Mais du chemin cabossé que Perle devait suivre pour s'en aller le matin à son école. Les deux amies avaient pour habitude de se raconter leurs émotions, leurs jeux. Si Biche était une biche, une vraie, comme ces petits animaux qu'on voit parfois montrer leur museau dans le soleil, ébouriffés ou ébahis par le premier printemps, Perle, au contraire, était tout simplement une petite fille. Oh, pas tout à fait petite, elle commençait d'ailleurs à ressentir des picotements la démanger au bout des doigts, qu'elle avait longs et fins, blancs, tout son corps grandissait, s'élançait.

Sous la ramure, c'était les babillages et les enfantillages de deux créatures qui n'avaient pas compris que sous des apparences avenantes le plus souvent le monde mettait en branle des faits horribles, mais pour

l'instant, clignant des yeux sur ce que les arbres et les ruisseaux chantaient tout autour d'elles, ce que Perle et Biche se chuchotaient était ce qui fait sourire lorsqu'on découvre des jeux réellement simples. Des brindilles, par exemple, que les enfants du village transformaient en moulins, ou ces coquilles de noix qu'ils envoyaient flotter sur un étang avant qu'une pluie d'automne ne les emplisse et ne les coule. Il fallait patienter, attendre que les beaux jours reviennent, que d'autres paltoquets creusent de nouveau puis peignent d'autres coquilles de noix, les lancent, les voient périr et imaginent pour se distraire d'autres jeux inventifs.

Quels étaient-ils ?

Biche expliquait qu'elle se laissait rouler sur une pente d'herbe douce, ou dormait dans les feuilles, ou s'amusait à déterrer de son juvénile sabot des champignons n'ayant encore osé se montrer dans cet humus dont elle aimait les dénivelés et les saillies. Partout elle s'extasiait de ce qui se produit sous les branchages de délicieux, mais également ce que ceux-ci cachent de danger, et donc avait à révéler sa peur : les loups. On disait chez les hommes qu'il n'y en avait plus guère, mais elle en entendait la nuit, très tard, quand l'un d'entre eux venait rôder, humer, chercher de la viande. Elle en parlait rarement. Perle lui avait lu des histoires de campements, d'Indiens qui dans les Amériques pillaient et mettaient le feu aux diligences. Biche avait quelquefois ce type de frayeur, s'imaginait dans la situation d'être

attaquée. Une fois, une de ses congénères trop petite pour en parler avait été retrouvée tétanisée. Elle tremblait sur ses pattes, son fin museau et ses petits yeux bleuâtres emplis de pleurs congelés, car c'était en hiver, et la pauvrette en avait le poil raidi, de s'être probablement trouvée face à un loup. On n'avait jamais su. Une autre nuit, Biche expliqua qu'une de la harde n'était jamais rentrée, bien que toutes soient solidaires à surveiller les alentours, aux aguets, petites ou grandes, mères ou cousines qui partageaient la friche au bas de la très haute roche qu'on distinguait à l'horizon, ce promontoire que Perle aurait connu si elle avait tenté de les rejoindre, mais que, évidemment, avec ses jambes d'enfant, elle n'aurait pu gagner comme savent le faire les intrépides et les agiles en quelques bonds.

Perle avait cette fois-ci apporté une musette avec des friandises. C'était quelques marrons, des morceaux de pomme, plusieurs topinambours et des radis et de la salade, car la maîtresse avait demandé que chacun, s'interrogeant sur la diversité qui fait que dans la nature les éléments s'interdépendent, apporte un fruit ou un légume, arguant que telle rondeur, telle autre avaient été pensées par un grand inventeur, un grand ordonnateur – pas un *ordinateur*, avait-elle précisé –, que si l'on rendait grâce à ce modèle universel, c'était parce que bien sûr il se trouvait dans l'harmonie du tout quelque chose d'abouti.

Voyant que certains en profitaient pour faire le pitre, la maîtresse s'emporta : « Voilà ce vous avez gagné ! Donnez tout ça à Perle, la seule qui écoutait, et ouvrez vos cahiers pour quelque chose de bien moins drôle. »

Perle avait déballé toutes ces saveurs à Biche pour qu'elle y goûte. Maintenant, à l'ombre d'un chêne, Biche les estimait de son museau : une longue feuille de scarole très proche des fougères naines comme elle en croquait de temps à autre, une pousse de pissenlit, un navet rond et rose qu'on aurait cru le chapeau du champignon qu'on appelle vesse-de-loup.

Et tout au fond du sac il y avait une surprise. Biche la toucha de sa langue. C'était quoi, dont on pouvait ouvrir et écarter les deux parties ?

« Ma pauvre Biche ! C'est tout bonnement ce que tout humain possède dans son tiroir : des ciseaux ! » avait répondu Perle en se moquant d'elle très gentiment, lui prenant l'encolure, attendrie.

« Comment crois-tu qu'on puisse faire un habit, hein, avec quoi ? Toi qui vis constamment avec pour seul vêtement ta mince toison châtain et n'as besoin de rien sinon de la pluie et du soleil, ne peux savoir comme la difficulté est grande pour les humains de se prémunir des sautes de temps et des climats parfois très rigoureux ! »

Et Perle avait sorti la paire de minuscules ciseaux pour l'actionner. Clic, clac ! Biche n'en crut pas ses yeux, parce que tous les brins d'herbe environnants en

firent les frais, et leurs segments tombaient, tranchés les uns après les autres. Biche les lécha, brouta avec sa langue râpeuse et interrogea Perle : à quoi servait, dans une forêt, un tel objet ?

« Ma chérie, c'est pour nous. »

Et Perle lui raconta l'histoire de chevaliers galants très empressés auprès des dames. On retrouvait celles-ci dans des demeures, qui se laissaient embrasser, courtiser, et c'était tellement vif que Perle en était venue à désirer que Biche imaginât ces émotions, mais cette dernière lui rétorqua que les animaux, de même, ressentaient quelquefois des passions similaires, qu'évidemment le mode de relation rudimentaire que la nature leur octroyait laissait un champ restreint à de pareils héroïsmes, que pour autant…

Perle de nouveau lui expliqua : dans ces histoires de chevalerie deux êtres s'unissent par un serment commun et l'entérinent en se piquant le doigt et en mêlant leur sang. Il se peut que leurs pensées, alors, se lient, mais sans que leur individualité ou leur identité soit modifiée.

Alors ?

Alors c'est un voyage dans le corps de l'autre.

Biche en fut très troublée, parce que évidemment elle comprenait ce que lui racontait Perle mais en elle-même cela l'intriguait. Elle aimait Perle, avait confiance en elle au point qu'elle s'approcha et lui lécha la joue. Perle aurait tant aimé avoir la grâce de Biche, et Biche rêvait à la vie de Perle, imaginait les amis de Perle, aurait

souhaité connaître l'école de Perle, la cour de cette école et quelques-unes des anecdoctes contées par Perle. Cette dernière rétorqua que, de son côté, elle avait eu parfois le désir qu'on la suive dans les ronces, qu'un joli daim ou quelque chose comme ça, si elle était une biche, la hume et flatte son encolure pour que plus tard, plus mûre, avec un cerf à bois multiples comme elle en entendait parfois bramer, elle aille visiter le monde.

Donc elles l'ont fait, se sont piqué le doigt, et ce qui n'avait encore jamais eu lieu fut accompli : l'âme d'une bichette passait dans le corps d'une petite fille tandis que l'âme de cette dernière tombait dans l'animal.

Biche se retrouva avec des bras, des mains ! Les étirer, tenter de les déplier. Un index, se dit-elle ! Elle le tordit, le mordit. Elle rit. Une découverte, certes, car une biche ne rit pas – ou de quoi rirait-elle, comment et par quelles lèvres ? Or là c'était les lèvres de Perle, qui, à l'instant, venait de se transformer aussi. Et cela parut facile, donc Biche réitéra. Avec ces choses très préhensibles que sont des mains elle put toucher, cueillir, saisir ou effriter à l'aide des articulations de Perle – et désormais les siennes – le sol, la terre.

Perle également surprise par l'étrangeté de cette situation eut l'illusion de ne pas avoir changé, seulement s'être déliée d'un coup et de tenir sur des pattes. Ses membres la propulsèrent et elle se cambra, s'élança ; grisée par l'accélération se retrouva en une fraction de

seconde au bout du pré, y vit contre le chêne, assise, cette petite fille qui était elle et qu'elle savait maintenant être habitée par Biche !

Et elle ? Elle ne pouvait évidemment se toucher, se palper, avait-elle un museau ? Pour vérifier frotta son nez à de l'écorce. Cela lui fit mal et lui parut rugueux. Elle se souvint : lorsqu'elle était enfant elle se mirait dans une flaque d'eau et s'y parlait : « Vois tes longs cheveux et la pâleur de ton visage. » Là, si elle s'était vue, elle aurait vu une biche et des oreilles en pointe. Elle eut en tête qu'elle chantonnait alors des choses étranges, que la forêt l'entende et sache qu'elle serait un jour comme celles qu'évitent les hommes et dont parfois ils ont très peur, de celles qui lancent leurs amoureux aux quatre coins du monde pour un bijou, une bague. C'est à ça qu'elle songeait, ne comprenant pas d'où venait cette maladive tristesse. Elle se souvint qu'ensuite elle se relevait, genoux écorchés, griffés, se reculait pour mieux se réajuster en observant la flaque noirâtre. Le caillou qu'elle y lançait brouillait l'image de celle qui savait bien avoir pour seule amie une biche, une biche qui aujourd'hui, dans les rues du village, irait faire croire qu'elle était Perle.

Il avait été dit que l'une comme l'autre garderaient cette indécelable tromperie pour une après-midi, et ce serait tout ; que Perle, en s'amusant de son joli ventre d'un ton roussâtre, irait chercher des glands et les

croquerait, s'en amuserait tandis que Biche se promènerait jusqu'au carrefour pour découvrir ce qu'étaient les villageois et ce qu'ils avaient en tête, se rendrait ensuite en ville en marchant sur ses jambes, trotterait sous l'apparence de Perle, flemmarderait devant les petits commerces et y flairerait les gourmandises. Pourquoi pas une brioche comme Perle en apportait parfois, lui faisant lécher la mie, les miettes… ou alors une cerise, un de ces jolis fruits ronds qu'elle voyait quelquefois sans de sa langue pouvoir la faire tomber, d'un rouge luisant, trop haut, en général inaccessible à l'appétit d'une biche.

En fin de journée, aux environs de cinq heures, elles se retrouveraient au pied du chêne pour y récupérer chacune l'identité étant la sienne. Donc elles se séparèrent.

Midi avait sonné à l'église du village lorsque Biche, sous l'allure de Perle, fut en vue de sa chaumière. Elle le comprit implicitement, entra, posa son châle, trouva sa chambre, recoin aménagé dans la mansarde, se mit à réfléchir au fait qu'ayant toujours son âme de biche elle était pour l'instant encore bien différente et constata qu'elle se voyait penser, oui, c'était indéniable, de façon insolite, interprétait les choses, devait probablement utiliser ce qui s'appelle raison. Comme cela ne s'était jamais produit, elle engloba du regard ce qui se proposait à elle, se mit – ce qui la fit rire intérieurement – à quasiment philosopher,

juger, comparer et déduire. En conséquence, la première chose qu'elle fit fut de vérifier le bien-fondé d'une pareille expérience. En rattrapant la route, elle avait constaté que les gens qu'elle y croisait ne s'intéressaient nullement à son aspect, alors elle voulut voir et ouvrit des tiroirs. Que cherchait-elle ? Avec des doigts de fillette elle s'empara d'un cadre contenant un petit miroir. Jamais une biche ne s'y était regardée. Étrange, ce qu'elle voyait était évidemment les cheveux de Perle, les joues et les oreilles de Perle, alors bien différentes de celles d'une biche, qu'elle toucha, dont elle suivit le modelé, intéressée aussi de se découvrir des lèvres, une bouche, de pouvoir ouvrir celle-ci pour en extraire une langue bien moins râpeuse que celle qui en réalité était la sienne, plus petite mais relativement proche tout de même.

De son côté, grisée de se découvrir une biche, Perle prit le parti de filer immédiatement et s'égara. De floraisons délectables en succulents plaisirs multipliés par des pupilles voyant différemment, elle désira se gaver mais n'en eut pas le temps, immédiatement chancelante tant les sucs agressifs la faisaient frissonner, tant le gazouillis des bourdonnements divers et tant la perspective de ce qui festoyait autour d'elle parurent inattendus et riches. En frémissant de ces possibilités que développaient tous les mélanges d'arômes et de combinaisons de saveurs qui d'un seul coup mordaient les sens à une fillette changée en biche, elle se mit à courir, cavala, exécuta des

bonds de six à huit mètres, ne cessa plus de danser ni de virevolter à droite, à gauche, piler d'un coup pour repartir, stopper, flâner en se prélassant tout en s'émerveillant d'une simple pousse qu'elle se mettait à respirer en hésitant à la croquer, ou continuer ainsi par des sentiers qu'elle constata connaître mais pas de cette façon-là. À la fin, subjuguée elle choisit de se planter au beau milieu d'une minuscule clairière insolente de beauté, s'en écarta et derechef alla une dernière fois caracoler vers d'autres bouquets de feuilles, se calma, redevint lucide, tendit le museau en direction du chêne, signature olfactive qu'elle fut surprise d'identifier si facilement. Maintenant elle regardait la sente où le soleil déclinait, se disait qu'il était temps de quitter cet enchantement et de retourner vers la trouée de verdure d'où elle était partie.

S'étant trouvée à l'arbre prévu bien avant l'heure, étourdie, le museau tendu afin de mémoriser ce qu'elle savait bien ne plus pouvoir goûter d'une telle métamorphose, elle choisit de rester là, poitrail haletant de la randonnée qu'elle venait de faire, raisonnant sur ces choses, les estimant diversement de ne pas les percevoir comme à l'accoutumée et comprenant, par cet écart, les lire différemment. Quand on était une fille, il fallait louvoyer, négocier, se révéler docile quand au contraire toutes les terminaisons nerveuses dictaient d'être rétive, méfiante. En revanche, dut-elle admettre, allongée sur le flanc, si l'on était une biche, sauver sa peau, oui, mais pas de ces simagrées très hypocrites du monde humain

qui négocie. Puis elle se dit que les biches comme les petites filles détenaient, à l'inverse des garçons, la possibilité de mettre un bébé au monde, que c'était ça, le cadeau que la nature donnait à celle dont le fardeau était trop lourd, bien sûr. De telles pensées la firent revenir à elle et à ce que son amie disait des loups. Pourquoi le grand ordonnateur dont parlait la maîtresse acceptait-il leur cruauté absolument gratuite et pourquoi fallait-il que les loups mangent les hommes ?

Voilà ce qu'elle se disait, qui associé à sa visitation dans le corps de Biche avait de quoi l'inquiéter, et c'est en y songeant, ayant fermé ses yeux et clos ses cils de biche, qu'elle devina que la nuit était en chemin, et avec elle, de loin en loin répercutés, les sons de la forêt se transformant. C'est là qu'elle entendit un groin et un sabot fouiner dans les futaies. Puis le gêneur fut là, un monstrueux individu à échine rousse grisé de stries mauvaises.

De son côté, une fois accomplie sa promenade au village, Biche, dans la peau de Perle, dut estimer en avoir vu suffisamment et décida de rester sagement à s'occuper dans la mansarde de Perle.

Après avoir cherché ce qu'il y avait de distrayant, elle s'en était lassée. Soucieuse que son amie n'ait rien à lui reprocher, avait vaguement replacé tout ce qu'elle avait testé, livres, jouets, objets bizarres avec lesquels une petite fille occupe son temps. Puis s'était dit que plutôt

que d'attendre, mieux valait coudre, broder, que ce serait toujours une expérience qu'elle raconterait aux autres de la harde. Elle s'y était attelée, voulait à cet instant faire de son mieux mais ne savait pas conclure un bout de dentelle ni le napperon qu'avait commencés Perle.

Pour faire plus simple, elle avisa un peu de couture, et là encore y vit toute une série de difficultés. Les manches ne collaient pas, comment achever ces finitions en boutonnières ? Elle laissa le tout, tenta de feuilleter un illustré, croqua une page, mâcha. Ce fut décevant. Elle chercha des vêtements, voulut les enfiler et s'y reprit à deux fois, trois, se dit qu'à un moment ou à un autre la mère de Perle allait rentrer, qu'il faudrait bien filer avant, car que répondre à la question sur le pourquoi d'un tel remue-ménage ?

Sans se décider, elle se versa du vin, le but et constata que ces quelques heures lui avaient amplement suffi à prendre conscience qu'elle ne troquerait jamais sa petite enfance de biche pour quoi que ce soit d'humain, qu'il fallait bien admettre qu'elle regrettait déjà les fraises des bois et préférait ses distrayantes foulées normales et primesautières plutôt que la marche pesante des campagnards s'interpellant au beau milieu de la rue, se tapant sur l'épaule, tous d'une suffisance dérangeante. Son instinct animal mettait ces différences en perspective et lui disait que la conclusion était à l'avantage des siens, fussent-ils moucheron, abeille, lion, éléphant, que par-

tout les mille combinaisons du modèle animal servaient au bénéfice de tous. Pas chez les hommes. Eux ne songeaient qu'aux billets, qu'à la banque. Au moins les biches ne s'enviaient pas ni n'abdiquaient jamais leur condition pour un arpent de broussaille, ne se vilipendaient pas pour quelques pissenlits qu'elles déterraient tout simplement à l'aide de leur sabot, elles qui ne se chipaient pas les cèpes, les abricots, les noix.

Elle se rappela que durant le court moment où elle avait fureté, elle avait entendu certains propos de cette sorte : « Toi, la mignonne... », et la surprise : « Mais oui, c'est Perle, la jolie Perle ! » Ou encore cette invite : « Viens donc... »

Perchée sur un des tabourets, elle avait bu une grenadine, puis au moment de partir deux gendarmes étaient venus, qui suivaient un voleur et pensaient le dénicher dans cet estaminet. En la remarquant, ils avaient fait des reproches à la tenancière : une fille de cet âge-là ne devait certainement pas se trouver dans un tel lieu, même pour une grenadine. Il s'en était suivi un brouhaha et les gendarmes étaient repartis, préférant ne pas heurter quelques gaillards dont la plupart chassaient, et certainement du gros gibier.

Maintenant, se disant que dans moins d'une heure elle devrait retrouver Perle, elle s'était prise à essayer tout ce qu'elle trouvait dans la maison, voulait se convaincre que c'était un bout de noisetier, une écorce

d'églantier, du foin. Elle désirait très fort ses brindilles de là-bas, redoutait de voir arriver une femme qui n'était pas sa mère et qui pour un moment le serait. Avec des doigts qu'elle n'aurait bientôt plus, elle entreprit alors de dessiner, se rendit compte qu'elle avait bien du mal à faire des traits, des lettres. C'est là qu'elle entendit la porte s'ouvrir. Ce n'était que la voisine. Celle-ci eut l'air furieuse de découvrir le foutoir de la cuisine et le bahut sens dessus dessous couvert de découpages. N'ayant jamais vu ça de la part de cette gamine habituellement si ordonnée, elle l'obligea à balayer et à ranger avant que sa mère ne rentre et, pour plus de sûreté, l'enferma.

En entendant la clé tourner dans la serrure, Biche fut désagréablement choquée : son amie l'attendrait, devinerait qu'un imprévu s'était produit. Pour se calmer, elle décida de fureter, grignoter quelque chose, donc entreprit de se préparer une simple omelette et se rendit compte qu'elle le pouvait, savait briser les œufs, brouiller, baisser la flamme, se rendit compte aussi qu'une petite fille ou qu'une bichette avaient dans certains cas les mêmes manières et les mêmes gestes. Elle en fut rassurée, se dit que dès le lendemain elle l'expliquerait à Perle, oublia le reste et s'endormit en supposant que sa petite amie courait, s'étourdissait dans tout ce qu'habituellement une forêt cache, mais jamais à une biche.

Là-bas, vers le sous-bois, le soir était tombé quand Perle cessa de brouter. Elle fut saisie d'une sensation désagréable et dut admettre qu'elle était seule, que Biche ne se montrait pas. La clairière lui parut beaucoup plus menaçante. Se pouvait-il qu'un incident se soit produit ? Excluant à cette heure d'expliquer à quiconque sa condition, elle s'inquiéta, et plus encore de ne pas avoir la possibilité de s'exprimer normalement, ce qu'elle tenta pourtant, réalisant alors qu'elle était incapable, de sa langue d'animale, d'articuler le moindre mot. Elle entrevit les conséquences d'une telle situation et fit des bonds désordonnés pour de nouveau se retrouver à l'orée de la clairière et cette fois-ci y distinguer des craquements intrigants.

Depuis il faisait nuit. En découvrant son embarras, un chêne se mit à lui parler : « Comment vas-tu dormir, te nourrir ? Regarde, voici mes glands. » Et il se secoua. Elle en mâcha certains, sentit, tout en les mastiquant, grandir la sensation terrible dont lui avait parlé sa frêle amie : les loups.

Elle se demanda si l'un de ces monstres pouvait la débusquer. Tandis que s'obscurcissaient les alentours, sans trop savoir comment elle affronterait cette incroyable situation, l'ensemble du feuillage encore quelques instants plus tôt si attrayant devint noir et hostile. Elle repensa aux craintes de son enfance, comprit que sa peur était devenue cette imposante allée où tant de pièges inédits pouvaient se révéler, surgir.

Elle détala, erra, et fatalement revint au même endroit. Accablée, s'y tapit, guetta, tête dans les pattes, le moindre bruit inhabituel, finit par s'assoupir. Lorsqu'elle se réveilla, le chêne dormait, les arbres les plus proches avaient courbé leurs branches et replié leurs feuilles. Tout était différent, mais quelle heure était-il ? Levant le museau, elle regarda la lune.

Elle était indécise, où aller ? Elle s'ébroua. Tout les dix mètres elle essayait de se secouer, d'ôter ce pelage que désormais elle aurait préféré ne pas avoir sur le dos, se frottait à un arbre. Désemparée, vers où se diriger, se demanda-t-elle, quel chemin prendre, car seule que pouvait-elle contre les pièges de la forêt, les hérissons, les rats… Elle entendit fouiner à deux pas d'elle et vit une nouvelle fois une échine grise à défenses recourbées se dresser, débonnaire :

« Je me présente, grogna cet animal, seigneur incontestable des cèpes et des fourrages. Qui suis-je ? Un quadrupède fouisseur que l'on nomme sanglier, mais le plus grand d'entre eux, maître des chemins et des taillis, fonceur et éventreur de chiens, je me nomme Cornélius – et toi, mais ne t'ai-je pas déjà croisée ? »

Que lui répondre ?

Voyant qu'elle hésitait, il demanda :

« Que fais-tu par ici, seule à cette heure obscure ?

– J'attendais une amie.

– Une amie… ?

– Une petite fille, oui, ou plus exactement une biche, comme moi, car nous avons changé nos…

– Ta ta ta ! Que me racontes-tu ? La nuit ne serait-elle pas comme d'habitude, hein ? Mais viens plutôt par là, je vais te montrer comme nous nous amusons, nous autres citadins des arbres, il y a des fêtes, on regarde les écureuils faire du théâtre, des cabrioles, les chauves-souris aussi en sont, qui nous virevoltent quelques chorégraphies très surprenantes, et après nous votons, donnons des prix. Je ne t'ai jamais vue par ici, es-tu nouvelle ? »

Voyant que l'interrogation paraissait déranger cette petite quadrupède, il se redressa :

« Bon, je dois y aller, madame ma laie m'attend, le ragoût de glands est prêt, je décèle son fumet à dix lieues à la ronde, n'est-ce pas ? Et je te dis pas les sept petits que nous avons eus, des marcassins, vois-tu ? »

Celle qu'il croyait une petite biche absolument comme sont les biches lui dit ne pas connaître ce mot. Vaguement surpris mais sans en faire état, Cornélius renchérit : « Je suis le sage de la forêt, j'ai douze années et mes défenses atteignent la taille d'une petite bêche. Comme j'ai déjà forcé et étripé pas mal de chiens courants, les téméraires en ont la frousse, de moi, hein, qu'en dis-tu ? »

Son interlocutrice ne trouva rien à dire, elle tremblait de froid, de peur, et tenta de s'accroupir.

« Ah ça ! dit Cornélius, voyant qu'elle ne savait

comment plier ses pattes de devant, es-tu indisposée, que tu flageoles ainsi sur tes guibolles ?

– Non, monsieur Cornélius, mais simplement je ne sais user de tout ça. »

Alors il lui montra, joua avec elle à faire l'enfant, s'agenouilla en douceur et battit des paupières comme s'il était un faon, à ce point gentil et amusant que dans son malheur elle en sourit tout de même. Puis ils furent côte à côte, se mirent à converser.

« Vois-tu, dit Cornélius, je connais cette forêt et peux t'aider à retrouver les tiens. »

Ce fut là l'occasion de lui faire part de l'éventualité d'un carnassier.

« Oh, les loups ! grommela-t-il, regarde ! » Et il tourna sa lourde tête, montra l'oreille du côté droit pour la lui faire valoir. Elle pendait en deux bouts.

« Voilà ce qu'ils m'ont fait, les loups, les voyous de la forêt, ces racailles, mais cette nuit-là il y en a eu six d'encornés et deux dont les entrailles gisaient pas loin, je m'en suis sorti avec de sales morsures, oui, une patte ensanglantée, mais je peux te dire, ma chérie, qu'on ne les a pas revus dans le quartier, ces salopards à casquettes à l'envers qu'on appelle malappris ! Il m'en reste ça », et il montra une seconde fois la loque pendante de son oreille tranchée : « Une double oreille », dit-il en grommelant de nouveau.

Puis il se leva, s'épousseta des brindilles, vint la flairer de plus près :

« Ma jolie, fais bien gaffe, ça rôde, ça veut des élégantes comme toi. Moi à ta place je m'en irais vite rejoindre mes congénères... Tu dis ne pas en avoir ? »

Il éclata d'un rire énorme comme seuls les sangliers savent faire, puis s'effaça d'un coup. Il avait laissé ça, un grand trou noir dans les fourrés et dans les branches brisées, que la pauvrette regarda en se désolant une nouvelle fois de cette aventure qui tournait mal et où repartir en direction du chêne semblait encore la moins mauvaise des solutions.

Hésitante, affaiblie, elle se mit à marcher. De quel côté ? Là où aux heures du jour, c'était une féerie de couleurs, voilà que maintenant de pernicieux contours prenaient leur place. Puis elle tendit l'oreille : ce qu'elle avait deviné était un hurlement plaintif laissant envisager quoi donc ? Elle cherchait à se convaincre qu'elle était invisible, en revanche qu'on pouvait la humer, la sentir, oui, et quelques pas plus loin, comprit, tétanisée, qu'un carnivore était très proche. Elle espéra que ce monstre irait plus loin, choisirait autre chose, une proie plus frêle ou qui boiterait, facile à attraper, et se dit en elle-même : « Douce Vierge, faites que cette bête ne m'approche pas ! »

La Vierge n'entendit pas, occupée qu'elle était par tout ce que la planète avait de problèmes, et donc le loup fut là, courroucé, car il avait senti que ce n'était pas une biche qu'il avait sous les yeux.

Ayant deviné cette imposture, il la flaira, grogna, n'obtint aucune réponse.

À ce même moment de la nuit, de son côté, dans la mansarde de Perle, la jeune enfant qui contenait l'âme d'une biche n'avait que très brièvement trouvé le sommeil. Elle était dans son lit et se demandait quelle serait la solution : se rendre au pied du chêne, attendre ?

Au jour, la mère de Perle avait réapparu. À l'hôpital elle s'occupait des nouveau-nés et des maternités. De découvrir sa fille à ce point mal fagotée elle la réprimanda : levée comme ça ? Ne comprenant pas le pourquoi d'un tel laisser-aller car ignorant qu'une biche se lave avec sa langue et ne sait pas plus utiliser un gant de toilette qu'une savonnette, elle la flanqua dehors avec son sac et ses affaires, se fichant totalement qu'elle attendît dans le froid face à l'école ou que ses camarades se moquent.

Un seul ne se moquait pas, et même, sachant les innombrables brimades qu'avait à subir Perle, se levait très tôt pour la guetter. Il se nommait Bastien, ni blond ni roux, une sorte de teinte précieuse et indéfinissable. Perle le regardait en se demandant ce qui lui plaisait chez un garçon très loin des fanfarons de son âge, mais les autres arrivaient, par deux, par trois, s'amusant au passage à démonter les boîtes aux lettres.

Bastien n'avait qu'une chose en tête, s'approcher de Perle et lui confier les aventures où il la célébrait en

héroïne, de silhouette similaire, n'excluant pas qu'un jour elle serait jeune fille, et qu'alors…

Ce matin-là, il la vit arriver avec seulement un fruit. Sachant qu'évidemment elle ne retournerait jamais chez elle à l'heure du déjeuner, que sa mère n'en voulait pas, il devina qu'elle avait des soucis. Elle était parfois triste, et souvent bien au-delà de ce qu'une enfant peut supporter, mais paradoxalement sa mère ne levait que rarement la main sur elle, seulement des menaces, des remarques désobligeantes pour lui faire endosser la triste responsabilité que le père les ait laissées quand elle avait combien, cinq ans ?

Bastien s'interrogeait : pourquoi le visage de Perle était-il ce matin si différent ? Il lui tendit tout de même le bras et lui parla très gentiment. Elle l'estimait, devait admettre qu'il ressemblait à quelque compagnon très empressé, serviable, que si quelqu'un lui avait dit qu'un jour ce serait avec ce garçon-là qu'elle partagerait sa vie, elle n'en aurait souri que très faiblement. Oui, peut-être, ce doux visage, ces taches de son qui lui montaient au front quand il prenait le soleil, ses cheveux ni blonds ni roux, sa lèvre pâle et interdite lorsqu'il l'accompagnait, la prenait par la taille. Une fois leurs joues s'étaient touchées et elle avait choisi à contrecœur de s'écarter du petit monsieur galant et doux, et ce fut tout, la chose en resta là, sinon que Bastien posait toujours sur elle un regard éminemment curieux.

Au long des semaines, des mois, tandis qu'étant retournée au pied du chêne deux ou trois fois sans résultat, Biche acceptait maintenant, fatalement, de renoncer à retrouver son apparence première, sachant que l'idée idiote d'avoir piqué leurs doigts la condamnait à porter le prénom de Perle, à être Perle et à passer pour Perle, elle retrouvait évidemment Bastien qui gentiment lui répétait, soucieux : « Mademoiselle Perle a des soucis ? » Mais pas de réponse. En son for intérieur celle qui avait à vivre avec ce sentiment étrange devait admettre que condamnée à cet état, rien n'y pourrait changer. En quittant la chaumière, elle se jurait parfois d'aller demander au fameux chêne de quoi il se souvenait, mais elle se rendait compte qu'elle était incapable de désormais parler aux arbres, que ce qu'elle avait gagné en entendement humain s'était mis à la place de ses savoirs de biche.

En constatant que celle qu'il chérissait était si évasive, Bastien s'en inquiétait. Et puis ces attitudes déconcertantes : elle reniflait, parfois émanait d'elle comme une odeur d'étable ou de haras, un peu comme lorsque au tout début, enfants, ils allaient voir les jeunes poulains ou les poneys. Elle était impatiente et sans raison se cabrait : « Va me chercher cela ! » Le ton était impersonnel, qui semblait à Bastien être devenu autoritaire et étranger, puis elle se ravisait, levait le menton, le regardait dans les yeux.

Une longue année passa où Bastien constata que d'autres choses se modifiaient. C'eût été indécelable pour quelqu'un de moins zélé qui n'aurait consacré son temps à des observations sur cette amie étrange, mais pour lui, si. Perle était autre, ce n'était plus seulement l'allure ni la stature comme quelquefois ont les jeunes filles à ces moments d'adolescence, mais un air incongru, noble et entier, sauvage. Lui qui s'était parfois demandé, si Perle changeait, comment il le prendrait, fut très inquiet de la voir se détourner et fuir son regard.

Qu'avait-elle ? Indubitablement elle s'écartait, se métamorphosait et tournait le dos à ce qu'ils avaient connu. Il devait s'expliquer, elle se moquait, avait parfois, durcie et nuque raidie, un ricanement inopportun qu'on aurait dit le hennissement d'un équidé.

Il redouta ses remarques, imagina qu'elle devait croire à tort qu'il espérait profiter d'elle. Il s'en tint à distance, la surveilla, parfois la suivait de loin lorsqu'elle accompagnait sa mère dans un estaminet de chasseurs où la femme se rendait pour n'en ressortir que quand l'établissement fermait. Lui, il restait dehors. La nuit tombait, les habitués quittaient les lieux. On remarquait chez Perle une gravité nouvelle, il ne serait plus question de la complimenter sans qu'elle y voie des intentions. Elle était compliquée, irascible. En juin, lorsqu'on avait parlé d'un long bassin carrelé à la sortie du bourg où la classe se rendait durant les grandes chaleurs, ils s'y

trouvèrent en tenue et il la vit dissimuler, comme elle pouvait, de sa serviette de bain, l'insigne bouleversement de son anatomie. Elle se tenait très cambrée, on aurait cru un cabri, un faon, dans son visage le bout du nez semblait comme un appel humide, museau presque camus tourné au vent, et les yeux s'étiraient, prenant depuis quelque temps l'inclinaison de deux amandes très étonnantes.

Bastien n'en revenait pas, qu'une chose se fût produite dont elle ne parlait pas, et toute l'après-midi il l'avait questionnée en la tenant par la main. Cette fois, tard, elle accepta d'aller s'asseoir devant un chocolat qu'elle ne but pas, crut-il, mais plus exactement lapa. Ensuite, de façon sporadique, il la retrouva à la tombée de la nuit pour quelque tentative où d'occasion elle se laissait convaincre très partiellement dans d'innocents câlins sans conséquence. Un soir, refusant qu'il la suive, elle sentit autre chose. Dans la masure, entre ses cuisses elle devina du sang, cette consistance qu'aucun des animaux n'a à connaître puisque n'ayant aucune notion d'un tel passage au monde adulte. De plus en plus rarement elle se souvenait qu'elle avait été autre et se voyait, elle, animal, entrer dans une évolution déraisonnable, car n'était-elle en premier lieu une biche ?

Le dimanche qui suivit, au bar, d'aucuns se rengorgeaient : n'avait-on pas vu un ours égorger un mouton ?

D'autres citaient bécasses, coqs de bruyère, oies sauvages et perdrix.

Postée sur un tabouret haut, s'adressant à sa fille, la mère de Perle ne se gênait pas : « Si tu te voyais, ma pauvre ! »

Et l'on remarquait cette mère assez vulgaire aller s'asseoir avec un simple cultivateur qui ne s'interdisait pas de préférer regarder plutôt la fille, celle-ci que personne ne comprenait, bien que la plupart de ceux qui la voyaient la retrouvaient avec un ravissement certain. Or étrangement, ou plus exactement insidieusement, ce profil aux yeux fendus avait changé, regard placide et doux envahi de quoi, gagné par quelle aspiration plus bucolique ?

Comme s'il avait été question d'une bête vivace et fière, d'une biche ou d'un bouquetin femelle, on la croyait prête à bondir. Son regard feutré gagné par une ambivalence qu'elle seule savait renforçait son allure et le creusement des reins. On se méprenait sur ses sursauts, personne ne comprenait la cause de sa rêverie ni l'origine d'une attitude si tourmentée à contempler les cimes avec fascination et attirance.

Cette fois, le maraîcher parti, la mère de Perle était allée dans le fond de la salle laisser sa fille attendre à un endroit où les enfants étaient admis. Perle n'y retrouvait personne, sachant que Bastien ne viendrait jamais la rejoindre ici, n'entrerait pas le temps des deux ou trois

picons que cette mère de circonstance prenait avec des inconnus. Il y avait eu du bruit, et de l'extérieur quelques interjections fusèrent. La porte, ouverte violemment, claqua. Deux cantonniers halaient une forme raidie au poil grisâtre. Il fallut plus de trois hommes pour la hisser sur le billard. Sur sa hure abîmée, qu'une balle de fort calibre avait fait éclater, un peu de matière sanguinolente séchait. La bête énorme avait été surprise, attaquée, égorgée. Perle tenta de voir : ce pelage fauve, rêche comme une brosse. Un sanglier ?

Le mot la fit frissonner. D'où remontait-il, paranormal, passé par transmission comme si une bribe de sens ou de pensée parasite était restée en l'air et venait de la rattraper. Depuis quelque temps, elle se savait de moins en moins sensible aux allées forestières, se voyait esquiver les floraisons que seules les bêtes ressentent comme un anniversaire au début du printemps. Elle en était meurtrie, contrite, de devoir accepter l'idée d'une allégeance à l'odieux monde du petit village. Elle songea aux chasseurs. Voilà qu'apparaissait cette éventualité, se dit-elle, car ne se pouvait-il pas qu'un jour sa petite amie eût été tuée par un fusil ? Voilà pourquoi elle n'était pas revenue. Perle avait bien songé aux loups, mais pas à ça. Alors elle se pencha sur la dépouille de cette grosse bête et elle eut peur, torturée par l'idée qu'une autre partie d'elle-même était peut-être ailleurs, errait, morte ou traquée.

Bastien n'avait rien su, ni que Perle s'était à ce moment-là sentie si oppressée qu'elle en avait chancelé, ni que certains consommateurs s'étaient alors chargés de lui venir en aide et de l'allonger. Lorsqu'on la fit asseoir, la releva, la soutint pour marcher, elle se l'était redit : irait-elle jusqu'à perdre ce qu'elle adulait du temps où elle était une biche, neuve dans un corps de biche ? Alors elle se souvint de la tache plus claire qu'elle avait eue entre les yeux. Tout remontait à combien, un an, deux ? Elle ne savait même plus, tenta de se raisonner, admit que depuis le fameux rituel de son sang échangé rien ne s'était produit qui permettait d'imaginer une fin normale. Elle écarta ce qui la gagnait d'un empressement sordide à retourner une ultime fois au pied du chêne, se rappela le moment où il avait fallu conclure à ça, dès lors se faire à la pensée qu'elle serait tenue de se comporter ainsi, recluse et étrangère aux territoires de son enfance, admettre ne pas pouvoir humer avec ses congénères du modèle animal, un cerf, un daim, goûter à des nuitées qu'elle n'avait pu mesurer mais ressentait malheureusement dans ses cellules et dans sa chair.

Tout au bout du village on la voyait maintenant réintégrer la morne et basse chaumière lui étant dévolue, où, résignée, lavant et cuisinant, elle devait bien attendre une mère qui ne serait jamais la sienne.

Les dîners étaient tristes. À la lumière d'une pauvre lampe, parlant de Bastien, la mère de Perle disait à

l'avatar de Perle : « On va le mener jusqu'où, ce garçon, le supporter jusqu'à quand, qui vient chaque soir te relancer ? »

Perle ne répondait pas, débarrassait, allait se pencher sur le travail qu'elle livrerait le lendemain. Cette femme, cette aide-soignante de mère, s'était encore détériorée et enlaidie. On la croisait bouffie et avinée. Chaque soir la Perle factice devait l'aider, l'écouter sans rien dire. Cette fausse maman n'avait jamais brouté, jamais feulé comme savaient le faire les jeunes roussies de soleil dans la fascination des découvertes enjolivées de lumière. Perle s'en occupait peu, préférait tourner le dos, vendre sa couture et œuvrer tard. Parfois Bastien passait, entrait, tentait de cajoler Perle sans résultat, muet et attristé de la voir rétive à tout.

L'été suivant, l'ayant emmenée sans qu'elle en prenne ombrage, il remarqua qu'au cours d'un tête-à-tête sur une petite terrasse elle avait ri, même bu du vin. La voilà qui se levait, exquise, les reins cambrés, motivée à quoi donc ? Bastien l'avait conduite à cet endroit où des années avant s'était produit l'unique baiser, l'avait serrée, pressée à lui comme s'il était inquiet. Il avait cru que c'était l'instant propice pour qu'elle se livre et à la fois la découvrait gagnée du sentiment étrangement froid qui ne la quittait jamais. Elle se forçait, laissait faire les approches jusqu'au moment où quoi ? Était-ce normal ? Il continuait à lui palper la nuque, sentait cette fois

comme un pelage à rebours. Non, tout cela était d'elle, à se demander comment une fille montrait pareille implantation rebelle qu'il n'avait pas remarquée lorsqu'ils étaient plus jeunes.

Pourquoi ce cou raidi ? Il refusa le mot encolure, surpris de l'adéquation qu'avait pourtant ce profil avec celui d'une équidée. Ce soir-là, elle repoussa l'étreinte, la jugea dégradante, oui, elle, dont la morphologie n'éprouvait rien à être manipulée. Il s'en était suivi quelques pressions tactiles qu'elle ignora, indifférente à ce que Bastien désire ses lèvres, s'écarta de lui en se demandant s'il se rendait bien compte qu'elle en était brusquée. Puis finalement elle accepta, trouva pourtant ce baiser inopportun et sale, se revit en un éclair croquer plutôt les petits radis apportés un matin dans un saladier rose. Par qui ? Perle. Ce prénom la fit presque pleurer. Elle frissonna, songea à éloigner Bastien mais ne s'y résolut pas, et même s'abandonna jusqu'à ce qu'il accomplisse contre elle une chose qui l'intrigua. Cette inconvenance ne la dérangea pas, perdue qu'elle se savait dans le monde des hommes.

Bastien n'en parla plus.

On les disait promis et les voyait flâner en s'extasiant tellement ils paraissaient faits l'un pour l'autre. Douloureusement peinée par tout ce qui affligeait Bastien, Perle l'admirait tout de même. À ceux qui lui auraient reproché une telle frigidité elle aurait

rétorqué, si elle en avait eu le courage, que c'était parce qu'il était le Bastien d'une autre, celui d'une autre enfance, l'enfance de Perle, la vraie.

Petit à petit, de telles impatiences allaient devenir flagrantes, deux existences se rebellaient dans un même corps. Elle s'inquiéta que ce fût visible et que la nature première reprenne ses droits, la revisite et la trahisse, eut la frayeur d'imaginer se voir un matin changée et révélée avec sa vraie morphologie qui éclaterait au regard de tous, transformée dans la nuit. À force Bastien devait savoir, il fallait le lui dire.

Un soir, tandis que la mère de Perle avait été retrouvée presque inconsciente de son ultime beuverie et que Bastien, estimant à chaque fois devoir être présent aux côtés de celle qu'il espérait toujours faire sienne, se trouvait là, ayant décidé de l'heure, des conditions, Perle l'installa à la grande table et le regarda longuement. Qu'avait-elle à lui dire ? Elle lui servit une tourte qu'elle avait cuite pour lui, puis, avec précaution, certaine qu'il fallait le faire, lui expliqua le charme qui l'habitait, lui dit qu'elle était biche, qu'un sort s'était glissé en elle, qu'elle était désolée, n'avait jamais envisagé une fin à ce point irréversible, conclut en affirmant que ce qu'il avait devant lui n'était qu'une falsification.

Il ne vint plus.

Elle était folle, parfois cela ne se sait pas, on ne lit que les apparences, le mental se défend.

Il la laissa dans cette demeure où quelquefois elle restait seule, certainement dépressive. Peut-être la compagnie de cette mère y était-elle pour quelque chose, une femme atteinte que l'on retrouvait parfois au coin d'un porche, égarée et errante.

Bastien accepterait-il longtemps de voir Perle s'étioler ? C'était injustifiable, pourtant elle s'entêtait, cherchait à oublier jusqu'au souvenir du quotidien, ne mettait rien à la place, sentait cette étrangeté la posséder sans qu'il lui soit possible d'en parler à quiconque.

Il lui fallait un prêtre. L'église n'était pas loin, elle y prierait. Un restant de clairvoyance indiquait à Bastien qu'un homme de Dieu pourrait traiter ce cas, le comprendrait ou simplement saurait l'entendre. Perle s'y rendit, savait que c'était inéluctable, qu'il fallait au plus vite s'occuper de son petit cœur, qu'il avait mal, ce cœur, souffrait, et en particulier de faire pleurer Bastien.

L'église était en haut d'une esplanade couverte de fleurs, comme si, pour accéder à ce promontoire il fallait s'être résigné, s'abandonner à la beauté inerte des choses compatissantes. Perle fut devant le porche, entra. Elle qui venait d'une forêt où aucune de ces pierres n'avait de réalité, ni leur architecture ni le recueillement qui imprégnait leur ombre, approcha de l'autel où un individu paisible rangeait des vases et changeait l'eau des fleurs. Il se tourna et la reconnut.

« Comme tu es devenue belle ! » dit-il en lui prenant les mains.

Ces mains, il les regarda, soucieux. Les ongles étaient très fins et les phalanges semblaient s'être durcies comme de la corne.

« Ta mère ne va pas bien que tu ne viens plus jamais ? Sais-tu que même à ton âge ces choses sont importantes ? »

Il caressa sa joue. « Petite Perle, je te revois enfant et te voilà maintenant si affirmée ! »

Il avait bien senti que cette joue paraissait ferme, duveteuse, se demanda même quelle complexion étrange avait rattrapé Perle. Il l'accepta en confession, mais dans l'instant elle crut que l'homme d'Église n'y constaterait qu'un envoûtement, que de toute manière, et même ici, elle était condamnée, alors elle se releva.

Comme elle allait sortir, le prêtre l'avait regardée quitter la sainte demeure. S'exclurait-elle ainsi de toute assistance possible ? Elle retrouva le soleil. Autant de solennité lui avait fait du bien, au moins par cette piété elle voyait ses limites.

Sans qu'elle soit au courant, Bastien, inquiet et travaillé par ces divagations, espérant qu'on la tire de telles supputations, avait longuement et patiemment cherché à évoquer son cas, et même fini, de praticiens en cabinets, de chef-lieu en chef-lieu, par terminer dans une grande ville. Là on voulut savoir, trouver la cause de cette altération des sens.

De nuit, alors que Perle fêtait très tristement sa dix-

huitième année, des fourgonnettes et tout un matériel de prise de vue et d'éclairage sont apparus devant la chaumière. Il s'agissait de la presse. Une radio s'inquiétait de ce que Bastien, sans rien dissimuler, avait livré aux journalistes en espérant un dénouement, comme si de devoir dévoiler ça, s'en expliquer devant un micro allait décider Perle, la mettre en état de choc ou lui faire mesurer le chimérique de ses propos. Or elle réitéra, dit qu'elle était une biche, confirma, certifia.

La retransmission fit qu'instantanément des auditeurs comprirent et voulurent la secourir. Un inconnu offrit d'exterminer pour elle tout ce que la terre avait encore de loups, certain que l'affirmation était plausible et que l'autre partie d'elle-même, son amie, prisonnière de ce pacte, que tout le monde appelait Biche, avait été très certainement attaquée par un loup. Un spécialiste du monde canin fit monter des attelages pour s'en aller combattre tout ce que les alentours comptaient en animaux de cette sorte, voulut les décimer, en rapporter les têtes sur de hautes piques.

Puis toute cette frénésie retomba.

Regardant ses doigts, se souvenant comme cela l'avait un jour rendue confuse de ne savoir s'en servir, Perle en fut effrayée, en vint à se demander s'il ne valait pas mieux se soustraire à tout. Elle s'était fait une tasse de chocolat, elle en fit une seconde. Comment procéderait-elle ? Elle regarda les combles, décida de s'y suspendre.

C'était un jour d'hiver. Elle en était à ressasser quelle poutre choisir : celle-ci, solide, qui certainement n'irait pas se rompre sous le poids de quelqu'un que le malheur alourdissait encore, et à ce moment elle crut entendre un bruit, quelque chose de furtif. Quelqu'un frottait à l'huis, mais avec tant de douceur qu'elle crut à un grattement, un raclement comme si un animal petit pesait de son sabot, voulait entrer.

Perle s'était levée. La porte ne s'ouvrait pas, et elle força sur l'ouverture prise par le gel. L'huisserie céda, qui dans l'encadrement fit découvrir une pauvre créature au poil mité et à la langue pendante. Ce quadrupède gentil et affaibli hésitait à passer. Qui huma le chocolat, se tourna vers Perle, leva un œil bridé couleur topaze, si beau, si délicat et si timide dans l'approximation de ce que la pauvre bête cherchait à dire qu'elle se racla la gorge, enrouée comme si c'était la conséquence de sa course dans la neige, et feula d'une voix douce : « Ma délicieuse amie, mon ange, ma petite fée éloignée, je suis ton amie Biche, la vraie, celle que tu as abandonnée je ne sais pourquoi quand nous étions convenues de nous retrouver sous le chêne, hein ? »

Son museau frémissait et elle montra son front. C'était bien cette tache-ci que Perle eut à reconnaître. Alors elle l'embrassa, cette amie à hautes pattes qui était elle et paraissait n'avoir même pas grandi, qu'on aurait crue un jouet, un de ces santons qu'on pose au bord des crèches.

Elles se sont caressées, reniflées. Oui, c'était cela, il suffisait maintenant d'aller chercher le coutelas, se piquer de nouveau.

« Veux-tu ? »

Et la réponse fut oui.

Tandis que la neige tombait, que le village devenait blanc, après qu'elles eurent chacune réintégré leur forme originelle Perle s'est assise et a pris Biche par l'encolure, les yeux brillants, s'est mise à raconter l'émerveillement du très étrange voyage qu'elle avait fait.

Ce loup, d'abord, qui était venu la débusquer après qu'un sanglier, Cornélius, avait projeté de l'aider, ce loup, donc, apparu soudainement et d'apparence terrible tout simplement parce qu'il était un loup, s'était bien au contraire avéré très correct, voire courtois. Un loup du monde, expliqua-t-elle. Il était très âgé, ne voulait plus manger de viande. Sans la brusquer mais en la respirant, il lui avait confié ceci : elle était jeune, devait aller vers les rivages et vers les continents, ce qu'il avait tenté lui-même quand il était louveteau. Il atteignait maintenant un âge astronomique, et c'est pour ça qu'il ne la mangerait pas. La viande, à force, c'est indigeste, avait-il ajouté, plutôt désirait-il quelque bolet, une vesse, une fraise des bois ou quelque chose comme une myrtille. Elle en rirent toutes les deux.

Perle continua : ce loup esthète et aristocratique connaissait tant d'histoires relativement aux choses de

la médecine et du bien-être qu'il en était devenu végétarien, révérait les insectes, les plantes, les astres, même une goutte de rosée !

Un loup végétarien ! Elles ont battu des mains – uniquement Perle, car Biche n'avait maintenant que ses sabots mignons et court taillés avec lesquels, en jubilant, elle martelait le plancher.

Et les deux s'esclaffèrent. On reprit au tout début : cette sommité à pelage gris jaunâtre avait prédit qu'avec l'agilité d'un tel corps de gazelle, une biche serait certainement à même de traverser la terre à une allure vertigineuse ! Et c'est ce qu'elle avait fait : courir, courir… sauter vallons et précipices en s'engageant chaque jour par des crevasses et des cours d'eau plus incroyables. Les vastes étendues qu'elle surplombait, où elle s'arc-boutait en bondissant sans fin, pattes frêles et neuves de se savoir toutes fraîches pour celle qui était autre et gobait cela en survolant les fleuves et les estuaires, elle les franchissait toutes avec son corps nerveux, nageant, flottant, coursant à perdre haleine, roulant parfois au fond d'une gorge pour s'en relever plus impatiente encore.

Des chutes et des cascades ! C'étaient les cordillères, les pics, les éboulements à éviter ou enjamber en faisant attention, car ces lieux lui parlaient, à celle changée en biche qui désormais pouvait fraterniser avec la roche, le sable. Et d'égale à égal elle bondissait, et tous ces éléments et tous ces organismes la respectaient. Elle devina bientôt la plainte d'espèces clamant leur éternel souci

d'être exploitées par l'homme, mangées par lui, et Perle, dans la peau de Biche et dans le pelage de Biche, à ce moment-là pleura, échevelée, atterrée. Elle savait bien qu'elle venait de là, fille de ces dévoreurs et destructeurs. Les arbres et les vallons qui ne pouvaient pas déceler sa vraie nature se laissaient aller à lui confier continûment le sentiment du végétal et de l'animal, parlaient de cette agonie et la lui décrivaient par le détail. C'en était effarant, comment tous les engins tranchaient et déplaçaient des pans de colline, changeaient le cours d'un fleuve, ensevelissaient des acres contenant quelques milliards de choses microscopiques pour y lancer un pont, une route, ne se souciant que trop rarement des êtres minuscules qui s'y trouvaient, que nul n'eût supposés mais qui existaient bien.

Et puis des habitats insoupçonnables. C'était au-delà des monts, dans une contrée dissimulée par des nuages de couleur rouge. Mais oui, comme l'est la laque des paravents. Rasant les nues, l'astre animait et colorait la terre en rouge, les gens en rouge, les fleuves et les huisseries en rouge. Tout y paraissait rouge, d'ailleurs, ajouta doctement la voyageuse dont un observateur qui l'aurait détaillée là-bas, à ce moment-là, n'aurait pu certifier qu'il ne s'agissait pas d'une biche, et ainsi, fatalement, capable de parfaitement décrire ce que seule une biche était en mesure de vivre mais qu'une humaine seulement pouvait mémoriser. Bref, continua-t-elle, les enfants étaient rouges, parlaient rouge. Et puis les cabanons,

les arbres, les goélettes à voile et les pirogues, les toits. En se regardant dans un miroir rouge comme en a ce pays, affirma derechef la narratrice, elle s'y voyait en rouge, intégralement, poil rouge, langue rouge et naseaux rouges.

Puis en s'interrompant :

« Tu sais pas quoi ! s'esclaffa-t-elle, surexcitée. On a voulu me marier !

– Non, tu plaisantes !

– Pas du tout, avec un okapi comme ils en ont là-bas, rouge, une grande fête inédite pleine d'une foule chamarrée, rouge ! »

Et elles rirent de nouveau.

Ou bien quand elle s'était enfuie couronnée d'or et revêtue d'une robe pastillée de perles, les bougies dans la nuit, l'eau d'une rivière pour une embarcation qui devait la proposer au son des fifres et des tambours le long de bourgades lacustres. Chaque fois on l'acclamait comme une divinité des temples, les mille fumées, l'encens, et juste au pire moment de cette folle célébration un sage en tenue safran l'avait secourue !

Puis de nouveau un saut dans l'inconnu pour quelques continents qu'elle ne supposait pas. Donc, certainement, c'est sûr, dans le corps de Biche elle avait vécu ça, et néanmoins, dit-elle très gentiment pour tempérer l'exaltation de si parfaits instants, puisque toutes deux s'étaient de façon définitive confirmé leur nature, était-ce bon de s'en souvenir, ne valait-il pas mieux tout

oublier, enfouir ça en leur cœur et ne plus jamais puiser dans de pareilles émotions, les taire, car c'en était fini, de cette expérience charmante, non ?

Il y eut un bref silence.

Malgré le gel, le froid, on entendit au loin un passereau inventif – que Perle savait maintenant être un roitelet – se mettre à faire des trilles. Elle y pensa un temps, la nature, les souvenirs... Il fallait donc chercher à conserver, pérenniser les innombrables détails. Elle se dit en elle-même devoir parler de tout ça et raconter la sensation grisante de s'éveiller ailleurs et d'y lire un soleil, exactement le même, illuminer de façon sempiternelle les mêmes petits enfants partout dans le monde. Puis elle admit que personne ne comprendrait ces balivernes, regarda une nouvelle fois vers Biche, y vit une larme.

Là, elle se tut.

Elle ne cessait de la détailler quand elle la devina frémir et tressaillir. Respirant son pelage, elle la sut impatiente. Biche se dressa, raidit ses pattes. Perle écarta le rideau. On distinguait quelques sapins, et sur le seuil tout un pan de neige nouvelle.

Alors Biche a bondi. Perle n'aurait pas imaginé un saut pareil, si vif. Elles venaient de s'embrasser. Adieu, mon ange, merci. Puis elle vit Biche s'enfuir, tenta de se rassurer : rejoins tes sœurs, les autres...

Le soir était tombé. Biche disparue avait seulement laissé de visible la marque de ses triangulaires sabots dans la neige vierge, le blanc tapis moelleux en attestait : trois bonds.

Perle regarda la pièce, son intérieur réel. Passant le lieu en revue, elle se souvint, frémit. Était-il encore temps ? Elle franchit le seuil et rattrapa la route, le parc municipal, l'écluse… Elle courait, elle courait, ne ressentait qu'une chose, n'en voyait qu'une : l'arrêt du car.

C'était un véhicule marron comme en ce temps-là les routes en connaissaient. Grisée de se redécouvrir des jambes d'enfant, voire de jeune fille, de s'en servir à nouveau, l'émotion la saisit. Le cœur en feu, la gorge en feu, filant à perdre haleine elle se souvenait : la Crimée et l'Orient, un homme allait mourir dans une plaine annamite, le héros d'un roman auquel elle ne savait pourquoi elle associait Bastien. Elle se souvint du long passage qu'elle avait lu quand elle était alors si malheureuse. Il s'agissait d'un si poignant chapitre qui relatait la mort d'un jeune soldat ayant pris ses quartiers dans une contrée de tigres et d'arroyos, or n'était-il parti d'une bourgade de province ? Dans un énigmatique billet qu'elle venait de découvrir et que Bastien avait laissé des jours plus tôt au bas de la marche, ne s'employait-il pas à laisser croire des choses semblables : il s'engagerait, ce serait une garnison immonde dans une contrée de sable et de bactéries ?

En bondissant, elle franchissait les rues. Arriverait-elle à temps ? Elle supposait qu'il avait dû exclure qu'elle redevienne quoi donc, celle qu'elle était avant ? Perle, la Perle qu'il chérissait ? Ne pouvant élucider quelque métamorphose inextricable, espérait-il qu'une balle le frappe en pleine poitrine, que ce serait mieux ?

Elle dérapa. Elle arrivait au tertre qu'il fallait contourner et vit plus loin l'engin dont le moteur tournait, monta, saisit Bastien.

Le chauffeur ferma les yeux pour éviter cette incroyable étreinte, et tous les passagers, ayant fait de même, rouvrirent les leurs pour s'assurer d'une rédemption dont peu saisirent la vraie nature. Puis Perle emmena Bastien. Tout essoufflés, ils arrivèrent devant la chaumière où Bastien prit conscience que cette fois-ci, radieuse, la jeune enfant qu'il adorait était ressuscitée.

Ils ont passé la porte. De façon cérémonieuse elle l'a déshabillé, sachant intuitivement tout ça pour l'avoir constaté parmi les animaux, admirative de leurs rituels. Toutes les enluminures et toutes les minuties, elle les lui fit. Que fallait-il encore ? Elle donna davantage, et sans se relever ni rallumer, dans l'engouement mutuel ils restèrent là longtemps, se réveillèrent un long moment après, allèrent d'une pièce à l'autre se cajoler, se regarder, se plaire.

Bastien voulut que la maison fût neuve. Il décida de tout peindre. Ce serait de couleur perle, gris perle, bleu

perle, jaune perle. Et Perle le taquinait, lui saisissait le pinceau des mains, l'empêchait de continuer. Les quelques planches firent à la fin une très jolie fermette à toiture jaune, mais d'un jaune perle qui n'a pas cours ailleurs. Si vous passez par là, demandez-le, ce jaune, il vaut le détour. Vous y verrez aussi des rideaux perle, des napperons perle. Les murets sont cernés d'un gazon amusant qui se déploie autour de la demeure que l'on dirait nimbée de douceur, et, bien que ce soit l'ancienne bâtisse auparavant si sombre, vous la trouverez coquette.

Et des enfants viendront, vous accueilleront, les leurs, de Perle et de Bastien, quand Biche, de son côté, dont on prétend qu'elle a fini par fréquenter certain cerf magnifique, huit bois et fière allure, apparaîtra de loin pour constater les napperons perle et les rideaux perlés. Elle observe la chaumière, la lit de ses yeux de biche, médite tout en hochant du chef, incline le col comme si elle y songeait, à ces moments passés là-bas, la petite case peinte en perle. Elle la détaille du promontoire situé à la lisière de la forêt, elle y vient quand il neige et qu'on ne la soupçonne pas. Elle ne s'attarde pas, n'ajoute rien, ne broute pas, ne folâtre pas, car que pourrait-elle dire, elle qui a oublié jusqu'au langage des hommes ?

Elle a eu un petit faon et croit savoir que Perle a elle aussi en route une chose de cette nature. Mais entre-

temps Biche en a eu un autre, ou plus exactement une autre, une enfant biche d'à peine deux livres à la naissance, et désormais, l'hiver, dans un rayon de soleil, c'est bien toute la famille, que l'on peut voir de loin plantée sur ses sabots. Le mâle est stupéfiant, naseaux dans le vent, dont Biche flatte l'encolure et qu'elle énerve et frotte de son museau, car on ne peut pas lutter contre ce qu'on est.

Montrant ça à Bastien, qui la tient par la main, Perle est dubitative sur ce qu'elle conservera bientôt d'intelligible d'autant que de tendresse pour son amie. Peinée de distinguer la petite fratrie sur pattes rester longtemps à la lisière de la forêt sans se décider à approcher, elle croit parfois devoir faire signe à Biche en espérant que celle-ci comprenne. Mais non, c'est ainsi que vont les choses : les animaux resteront des animaux et une enfant des hommes n'est qu'une enfant des hommes.

2.

ZIKI ET ZIKA

« Les humanos ne se promènent pas comme nous de long en large, ils restent posément assis ou allongés du plus commodément que leur permet leur cage », voilà ce que disait Horg à ses deux petits venus récupérer le cadeau, un enfant blond de peut-être six ans.

Ils avaient été sages, suivaient leur cours élémentaire avec application, évidemment faisaient des farces, mentaient un peu, chipaient, s'en allaient comme les autres, tous les petits singes du cantonnement, retrouver chaque soir sur la place du village leurs camarades à petits yeux ronds et à poil ras en mangeant des bananes et couiner d'aise. Leur père, Horg, avait fini par accepter l'idée de leur offrir ce jouet à la peau glabre qui les distrairait certainement, mais avait dû longuement peser le pour, le contre, car c'était un fardeau, un enfant humano qui devait être nourri, aidé à être propre, éventuellement qu'on devait sortir chaque soir pour des besoins qu'il devrait faire dans les fougères et que certains singes de race inférieure iraient soigneusement ramasser afin que

ces excréments allassent servir au fabuleux compost que la cité des Singes célébrait à chaque lune.

Horg était un notable. Il se promenait dans la cité vêtu comme ceux de son rang, une grande capeline jetée sur ses épaules de chimpanzé mesurant près de deux mètres. Il vivait seul, la mère des petits étant depuis longtemps allée frayer ailleurs, ce qui ne le tourmentait nullement, lui-même ayant tout ce qu'il fallait de femelles disposées. Il se pouvait que parfois il acceptât d'en garder une pour quelques nuits, et cette compagne occasionnelle choyait alors comme s'ils étaient à elle les deux rejetons que Horg avait eus avec la toute première, deux petits primates joueurs et futés.

Ziki et sa sœurette Zika, ainsi qu'ils se nommaient, avaient en conséquence suivi leur père dans la ménagerie d'animaux. On pouvait voir quelques pythons et de très jolis lionceaux auxquels les dents avaient été limées, les griffes coupées, même un bébé girafe, ce girafon de six semaines qu'on allaitait et qu'il aurait été trop encombrant de choisir, ou bien encore d'autres bambins zébrés ou colorés amenés jusqu'à cette pouponnière à l'aide de la volumineuse corbeille sanglée sur un onagre d'Asie centrale.

Le grand simiidé venu acheter l'enfant sortit les dix pistoles que coûtait cette chose-là, puis le fit empaqueter, vérifiant avec soin les quelques trous qui suffiraient à respirer pour deux longues heures de marche sous les

palmiers dattiers, se rajusta et entreprit de rentrer avec ses deux enfants pour installer le petit humanodon dans la maison. Celle-ci était située au pied d'un séquoia géant, une de ces magnifiques montagnes de branches dont quelques-unes venaient frôler le sol, relativement auxquelles évidemment Ziki autant que Zika avaient la connaissance de tous les recoins, niches, creux ou bosses, les ayant découverts les uns après les autres depuis qu'ils avaient su bondir sur la centaine de mètres de haut que comptait le tronc, donc depuis leur naissance.

Bourgade aux petites bâtisses feuillues disséminées dans la verdure et sur la mousse. Plus loin, à la lisière de marécages peu accessibles, régnait une chaleur infernale, ensuite, pour qui aurait cherché à s'avancer et dépasser la zone où nul des singes n'allait jamais, il aurait constaté une étendue aride, sans ruisseau, sans végétation, plate, morne, vallée que les anciens avaient nommée Oghan, nom des runes gaéliques datant du monde des hommes.

Maintenant, ayant bien installé le petit humano blond sur sa litière, Ziki, Zika, le museau contre les barreaux, le regardaient avec tendresse, lisant dans ce faciès moins plat que le leur quelque similitude très éloignée et peu sauvage, oui, et cela leur faisait drôle d'avoir ce mince et frêle compagnon de jeu que toute la classe envierait. Ils se voyaient le nourrir, le chatouiller, le coiffer. Zika, surtout, qui comme chaque petite singe ressentait une attirance plus forte pour les humanodons que pour les

chimpanzés de son âge, très intriguée de lire dans leur regard quelque chose de nouveau, pensée qu'elle ne comprenait pas et était le résultat, malgré l'appauvrissement de la race humaine, de ce qu'on lui avait dit des fantastiques moyens que les ancestraux seigneurs et maîtres détenaient pour inventer, construire, œuvrer des ponts ou faire jaillir de terre des pyramides, des axes de fer, des tours, faire voler des avions, tout un tas de fantaisies que le règne animal chargé ensuite d'en hériter, eux les singes, ne réussissait à contrefaire ni reproduire.

Zika voyait le petit menton chéri plus fin et plus pointu que celui de son frère jumeau, aimait les fines oreilles ourlées si pâles et délicates, les membres bien mieux proportionnés que ceux de Ziki, et également une innocente fragilité qu'elle avait eu d'emblée envie de serrer à elle. Les singes n'ont pas de poupée de chiffon, et cela en ferait office, à la petite juvénile de chimpanzé femelle qui ne voyait aucun jeu, aucun outil, aucune discipline acceptable pour se consoler de ce que laissait de tristesse la simple lucidité d'avoir à constater qu'aucun de ses congénères n'assume ni ne résolve la plus insigne des mille responsabilités étant auparavant celles des humains.

Les deux rejetons de Horg tentaient de frôler la nuque et les cheveux bien soyeux du petit humain qui n'avait pas touché à sa pâtée. On le nourrissait de lait,

de fèves, et il bénéficiait pour la plupart du temps d'une litière similaire à celle qu'il avait eue dans son élevage. On le sortait chaque matin, le faisait marcher, Zika peinée de voir à quel point les cabrioles le dérangeaient et comme les arbres environnants le laissaient indifférent. Lorsqu'elle avait parlé de l'enfant à la maîtresse, cette grande guenon à fourrure bistre responsable des jeunes singes, celle-ci lui avait dit très gentiment : « Ce doit être un intellectuel, tu ne connais pas ce mot-là, il n'a pas de sens chez nous, cela veut dire la façon de se servir de son cerveau, laisser les membres dépérir et ne se nourrir qu'avec les choses virtuelles et les concepts, ou réfléchir sans cesse à des devenirs de fabulettes purement mentales. »

Zika en était affligée, que son jouet ne s'amuse pas, pas comme elle, mais elle l'avait un jour emmené à l'heure de la récréation dans la grande cour où pour se délasser d'apprendre à lire et à compter, ce qui évidemment n'était que simagrées parmi tant d'autres puisque ne servant à rien à ceux qui consumeraient leur existence dans les charmilles et sous les branches à se chiper des cosses, des graines, les enfants singes se réunissaient en s'attrapant la queue, se chevauchaient, se cherchaient des poux, chez les uns, chez les autres, et même, pour quelques-uns pourtant à peine nubiles, se tripotaient leurs inachevés organes que d'autres mordillaient en ricanant.

Des farces, des attrapades, des roulades sans arrêt. Quels n'avaient pas été l'incroyable silence et l'immobilité du groupe lorsque Zika avait dénoué le baluchon pour en sortir Gligli.

C'était son nom, au petit dhomme interdit, craintif, que tous avaient voulu saisir ou bousculer, dont on souleva les cheveux comme on appréhenderait de la soie, ce nez bien droit dans les narines duquel chacun des chimpanzés voulut glisser un doigt ; ou suivre le profil étrange de ce « visage » – mot inconnu que la maîtresse leur prononça –, ou toucher ses oreilles, ou s'en aller fourrer son nez sur le petit appendice juste à l'intersection des membres inférieurs, virgule de chair qu'ils supposèrent alors de nature identique à ce qu'ils avaient eux-mêmes de génital au même endroit.

La singesse enseignante avait demandé que le petit humanodon soit assis sur un siège, qu'il écoute, qu'on le laisse un peu tranquille, et pourquoi pas revenir chaque jour pour étudier le vocabulaire et la grammaire des singes, hein ?

Tous les morpions poilus à bras plus longs que les jambes avaient, d'un même élan de glapissements et clapotements de lèvres distendues, hurlé que flac ! que oui ! que le petit dhomme soit installé au beau milieu de la hutte communautaire, face au tableau où la singesse appelait de temps à autre, pour les empêcher de trépigner, s'accrocher aux rideaux, déplacer les pupitres, l'un ou l'autre des petits singes pour leur donner, s'ils

répondaient bien, une banane mûre, une mangue, et c'est ainsi que Gligli avait appris à lire et s'exprimer dans l'idiome des primates, mais à saisir surtout les attentions particulières que montra vite Zika à son encontre. Il sut alors l'histoire de cette peuplade, comprit aussi comment les hommes avaient un jour, à force de tordre le cou à la nature, péri de leurs abominations.

On trouvait donc maintenant chaque jour Gligli en compagnie de la valetaille simiesque. Il s'était mis à leurs manières de gestuelle amicale mais semblait réservé, serein et réfléchi plus qu'au même âge ces animaux à plat faciès et yeux écarquillés ne l'étaient. Tous culbutaient, roulaient au sol pour se chiper un fruit et mordiller ou nouer la queue de celui qui ne se serait pas retourné à temps. Décidément Gligli avait une sage retenue plus résignée et habitée par d'autres choses sérieuses que pas un singe n'eût sues ni simplement considérées comme importantes ou attrayantes, car pour le reste c'était exclusivement une attitude superficielle, que montraient ces chipeurs, ces acrobates, ces simples imitateurs dont les ancêtres avaient pu croire au tout début d'un temps lointain que nul calendrier n'avait répertorié, que les plus habiles d'entre eux, catarhiniens semnopithèques ou hylobatidés, sauraient s'approprier et reproduire les disciplines que la race humaine avait laissées,

ces supérieurs en tout qui étaient disparus, décimés, emportés par les fièvres.

Les singes avaient ce don : imiter. Pas créer. Le monde était-il maintenant à eux ? Ils avaient cru un temps pouvoir refaire à l'identique ce charabia précieux et ampoulé dans ce qu'ils appelèrent un temps des « universités », endroits à toit feuillu où ils mimaient le savoir en lui donnant une apparence de vérité. Pantomimes, gesticulations. Alors les équations écrites correctement avec les *x* et les zéros, les parenthèses, les exposants, mais qui ne voulaient absolument rien dire, établies doctement devant un auditoire se nourrissant de vers blancs, dont les élèves gloussaient, se grattaient, venaient respirer dans le cou le plus proche pour en extirper quelque lente. L'enseignant attifé d'un grand habit mité enlevé à quelque antique et vénérable académie défunte le portait à l'envers, cet habit, coiffé même du bicorne, indiquant au tableau, sous la paillote, par plus de quarante degrés, des graffitis faussement arithmétiques mais qu'il saluait avec ostentation. Quelques générations au calendaire des singes avaient encore fait fonctionner les projecteurs et les écrans où tous ces culbuteurs et grappilleurs de noix et de miel pouvaient suivre du regard les documents montrant les hommes, tenter de les contrefaire, puisque par sa nature le singe est facétieux, et que de tous les mammifères de l'ordre des primates – l'homme excepté – il s'avère le plus drôle, adroit, certes, mais ne sachant pas les nombres. Malin et

outrancier, jongleur, on lui savait des mains parfaites et un système dentaire permettant la grimace, un torse à pectoraux et des pieds préhensiles, mais à part ça ?

Restait que tous les soirs Gligli retournait à la grande hutte de Horg avec Ziki et sa petite sœur Zika. Nul n'aurait vu la moindre différence entre les deux petits sapajous, fille et garçon ? Parfois Zika se nouait un ruban au-dessus du crâne, faisait ensuite à Gligli une longue et théâtrale minauderie identique à celle d'une femme voulant séduire. Gligli, gêné de cette manifestation, ne savait quoi répondre à cette Zika parfois fiévreuse, entreprenante et inventive. D'autant que Ziki tenait toujours la main de Zika, qu'ils avançaient ensemble comme quasiment soudés, que finalement Gligli avait compris qu'ils étaient nés jumeaux, donc forcément inséparables.

Cette paire agile ne songeait qu'à tous les jours grimper le plus haut possible pour redescendre en se balançant de liane en liane. Exactement ce qui aurait pu s'imaginer de deux frère et sœur reproduisant à l'identique ce qu'eussent fait les humains, deux petits gamin gamine de cet âge d'or où les humanoïdes avaient régné sur l'ordre naturel, mais heureusement que cette même nature avait depuis repris ses droits, que de son endormissement elle s'était réveillée, elle et le fameux virus décimant la planète. La cible avait été presque uniquement ce que l'on appelait alors le « genre humain »,

engeance ayant à son actif tant de barbarie et tant de massacres d'espèces à plume, à poil, d'êtres qui respiraient et auraient eu normalement droit à vivre sans qu'on les massacrât, qu'évidemment il était bien concevable que cette race de tyranniques dépossesseurs et de beaux parleurs allât s'éteindre !

Zika était la plus jolie de l'école. Tous les singes l'embrassaient et elle se laissait faire, parfois subissait cela sans un frisson, babines grandement offertes, baveuses, ne réprimant rien et à la fois regardant Gligli comme pour lui faire comprendre : « Alors, et toi, hein ? »

Chez les petits frugivores on batifolait tôt, parfois tout jeune. Cela ne prêtait pas à conséquence, et les anciens suivaient du regard de pareilles amourachades en croquant une pistache ou un bâton de réglisse. On se bécotait. Zika ne comprenait pas pourquoi Gligli était si réservé, si effacé, si délicat dès qu'on lui chatouillait l'oreille, lui embrassait le nombril ou venait en s'enroulant à lui comme le font les pandas.

Mais Gligli restait là, les bras autour des genoux, assis et maigrelet. Aucun équivalent avec ces chenapans d'une taille égale à lui, qui eux, très courts sur pattes, râblés et malicieux, venaient sans cesse le narguer en faisant mille grimaces qui ne l'amusaient nullement, alors, pour attirer son regard, Zika se relevait et traversait la cour en se pavanant, marchait en se déhanchant

de façon absurde comme l'aurait fait quelque déesse enfant d'un monde animal frelaté, puis, dépitée, voyant que cela n'avait aucun effet, allait s'asperger d'eau.

Mais il y avait Ziki, et avec lui les choses étaient plus simples. Entre garçons, quoi ! Gligli devenu le confident de Ziki, ils s'en allaient ensemble, complices pour des razzias de régimes de bananes vertes qu'ils soustrayaient à la communauté afin de les faire mûrir ailleurs et de s'en servir comme d'une monnaie d'échange pour friandises et coquillages. Donc au pays des singes il s'était bien passé une grande année depuis qu'on était venu chercher Gligli dans son élevage. Il avait là sept ans, âge raisonnable pour envisager le monde – et pourquoi pas en faire le tour ? Dans son silence méditatif, on le devinait curieux. Il l'était, et la curiosité s'avère parfois une compétence terrible à juguler, on ne le peut pas, s'invente des palliatifs et des systèmes, cherche des solutions.

Il voulait des réponses. Il avait pris conscience de sa situation, réfléchissait sans distinguer d'issue à son statut et eut ceci en tête : voir le sachem, s'y rendre avec Ziki. En éminent brasseur de silences pénétrants, corps charpenté d'un résistant squelette à os solides, ce vénérable quadrupède était de la race des concentrés. Fait très exceptionnel, il pensait pour les autres, avait des ordonnances ; son sourcil blanc neigeux semblait détenir une force que soulignait un regard très étranger aux facéties de ses congénères. On pouvait le consulter, la chose était autorisée. Le vieux sergopithèque de la race des

macaques habitait dans une tige, un de ces troncs fantastiques dont quelques-uns eussent pu servir de cathédrale si par hasard ces animaux allaient devenir croyants en une maligne icône à moustaches orientales décorée d'hibiscus. Mais non, dans cette congrégation de pelages divers, pas de religion, quelques célébrations anecdotiques et quelques tas d'objets sans importance oubliés çà ou là, pour rien, sans rôle réel, autour desquels, concentriquement, toute cette population poilue et sentant fort venait s'agiter, batifoler, caqueter.

Le sage leur avait dit ceci : il y a les grimpeurs, les sauteurs, il y a les fantaisistes et les illusionnistes. Nous sommes ainsi, ne songeons qu'à l'amusement, ne voyons pas le temps passer, grimpons, sautons, rebondissons dans tous les sens d'une existence très douce en symbiose animale avec les orchidées et les insectes, les plantes, les boas, les hiboux. Si le petit dhomme désire comprendre ce que nous ne pouvons lui expliquer, il faudra qu'il aille seul s'en enquérir. Il exhiba alors un objet intrigant gros de la taille d'une noix, creux et oblong, qui semblait luire comme un bijou ou comme une bille de bronze qu'on devinait habitée d'une particule brillante qui s'agitait à droite, à gauche. Il leur en donna le nom : boussole.

Elle servirait à qui voulait courir les mers, serait certainement indispensable à ce chétif enfant à grands yeux vifs venu le trouver en lui demandant comment rejoindre sa race.

Le sage donna quelques indications : les hommes avaient tellement menti, tellement mis le feu, tellement trompé tout le monde et tellement tué, tellement voulu s'approprier ce qui ne leur appartenait pas, tellement vicié les relations entre toutes les espèces en falsifiant et en réglementant ce que la nature concevait pourtant avec sagesse, que cette dernière, à la fin, ayant fini par se fâcher, avait sonné l'éveil et mis en garde toutes les instances en cause. Ce phénomène de soubresaut de la croûte terrestre s'était produit parce que les bornes avaient été franchies : plus d'eau potable, plus d'océan vivable, des récoltes modifiées, des espèces triploïdes, des glaires, des résidus non exploitables impossibles à dissoudre. Alors, se retournant d'un flanc sur l'autre, la grande machine en entité phénoménale et trop souvent amenée au consensus diplomatique – la nature – avait repris ses droits et mis en œuvre une solution vaguement déjà tentée par elle, mais à petites doses : Ebola, peste noire, épidémies diverses qu'elle regroupa en quelque chose d'irrémédiablement dévastateur nommé « glorius virus ».

Viki et Gligli en furent cois, de pareilles connaissances que leur assenait le sachem. On aurait entendu une mite voler. Le sage en vint à évoquer les décennies épouvantables ayant rayé de la carte ce parasite bipède : l'homme. D'abord les gens avaient péri dans des souffrances atroces et à la suite n'eurent plus le moyen de se nourrir ne serait-ce qu'a minima. Les rats étaient partout, venaient jusqu'à ronger ou mordre les rares passants

encore vivants. Puis ce fut l'eau : pas une goutte non souillée sur tous les continents. Mais certains prévoyants avaient subodoré quelques parades et des simulations pour contrer ces méfaits, et ils les mirent en place, aménageant et fortifiant les souterrains du nouveau monde proches de ce qu'on nomme actuellement Old York. Des colonies entières de réfugiés blafards et décharnés croyaient pouvoir y tenir cloîtrés avec des vivres qu'ils espéraient mangeables et suffisants. Or pas du tout. Pour être certaine d'achever une fois pour toutes le pourquoi de son dessein, la nature lança cela : un virus infectieux et définitivement nocif. Un premier, puis un second ; là, des déclinaisons plus affinées encore et leur aboutissement : supra-bacille avec une tête chercheuse exclusivement pointée sur l'*homo erectus.* Immédiatement les quelques confréries encore valides de ce qu'il restait d'agonisants furent confrontées à des gangrènes, des tares, pustules et ganglions aux conséquences insurmontables dont ces pestiférés moururent pour l'essentiel, et vite, de sorte que toutes les villes – ce mot concerne ce qui était encore des agglomérations de milliers d'immeubles contenant chacun des quantités de cellules à vivre – fussent délaissées, abandonnées, vacantes. C'est là, dans ces étages et dans ces escaliers, vers ces pompes à essence et ces bureaux déserts, ces prétoires, ces commissariats, que les animaux divers, mais particulièrement les singes, curieux, fouineurs, méticuleux, ont entrepris alors de ramasser et de compiler tout ce qu'ils trouvaient d'intéressant pour le

sanctuariser dans leurs forêts où plus la moindre machine, pourtant, faute d'ingénieur et de personnel, ne pourrait fonctionner. Ce furent de grands amas de ferraille qui rouillèrent là. Plus aucun bruit autre que celui du vent ou d'une source éventuelle, seulement le chant faiblard et hésitant de quelque pinson ayant été à même de résister aux pesticides et fredonnant son petit cui cui malade et néanmoins habile et printanier. Oui, car le printemps avait tout de même réapparu, les arbres reverdi et tout ce que les saisons comptaient, rassuré, revenu au temps du raisonnable, était enfin tel que la multiplicité l'avait été à l'ère primaire et dans la préhistoire. Les glaciers, les collines, fontaines et floraisons aux mille essences de fleurs et de formes, les bonnes choses à croquer. De là le renouveau. Il y eut les singes grimpeurs et les singes acrobates, les singes voleurs, les singes grimpeurs-voleurs et les singes récolteurs, regroupeurs, les petits artistes de la chiperie autorisée venant visiter à tour de rôle d'anciennes cités fantômes. Les voitures dans les rues : vides. Feux de signalisation qui sans arrêt, pour rien, passaient au vert, au rouge, même quelquefois leur mécanique absurde qui lançait son message dans une ville dépeuplée : « A-ve-nue de Versailles, rouge piétons… a-ve-nue de Ver-sailles, rouge piétons… »

Aucun piéton n'existait plus, un soleil gris et implacable fondait les édifices d'une termitière exempte de tout futur et désertée de toute âme.

Le sachem mit la boussole au creux de la main du petit Ziki et lui confia : voilà une de ces choses volées puis rapportées ici telles qu'il y en a des quantités dans nos remises et nos cavernes, toutes inutiles mais que vous pouvez tester si le cœur vous en dit. On ne sait plus rien de ces ustensiles : réveille-matin, pelleteuses, les aiguilles à couture, fers à repasser, compas, tous les stylos à bille parfois élaborés et leurs encres diverses, les machines à écrire, les fours à micro-ondes, les roues, les ailes d'avion…

Ziki referma sa paume sur la boussole :

« Que fait-on avec ça ?

– Puisque ton petit ami veut retrouver les siens, les hâves et squelettiques humains dont la résistance microbienne s'est vainement opposée à une sanction que la nature avait unilatéralement pensée très justifiée – elle qui pensait d'ailleurs en conserver tout de même quelques échantillons domesticables et remodelables, de ces maudits –, alors il lui est nécessaire de se munir de cela, cet objet-ci. »

Il expliqua les traits, les lignes, les chiffres et les encoches, leur dit une attraction sommant la mince aiguille de se tourner toujours dans l'axe d'un point indéfini fixé à l'horizon, toujours le même, cela quelles que fussent sa position ou son inclinaison. « Donc, leur dit-il, vous marcherez, volerez, vous naviguerez ou piétinerez en prenant soin de ne pas quitter l'indication de l'aiguille ; à force, alors, mais peut-être très loin, ayant

pris soin d'emporter des réserves pour une unité de temps qui ne se peut évaluer, vous aurez traversé tellement de contrées et tant d'espaces solides, liquides, terrestres ou maritimes que, si le courage et l'énergie vous ont secondés et vous soutiennent encore malgré les pluies et les brûlures, vous atteindrez certains rivages où vivent des êtres blonds, et là, suivant les circonstances, y périrez de maux divers ou bien vous installerez, radieux, pour parler avec eux. Qui sont-ils ? Nul ne le sait, nous n'en avons depuis leur décadence aucune espèce de trace ni de témoignage. Leur langage ? Je ne sais pas… » Il toucha le front de Gligli : « Peut-être as-tu en toi les fondements de leur parole, de même qu'un singe naît singe et de ce fait connaît intuitivement les cabrioles et les mimiques ? »

Horg accepta que Ziki accompagnât Gligli vers ces contrées inconnues de tous, et le petit animal, son fils, lorsqu'il fallut qu'il abandonne la main de sa sœur, ne lâcha pourtant pas celle de Gligli. L'aventure, l'épopée ! Ils se sont mis en route. On avait réuni au préalable cercopithécidés, cynocéphales et cénidés dont le rôle était d'accompagner les deux petits juvéniles, et ajouté à cela ce qu'il était sage d'adjoindre en cas de confrontation avec des énergies imprévisibles : une troupe de combattants formée de six couples d'orangs parmi les plus solides. Ils serviraient de porteurs et achemineraient au long d'autant de périls de quoi sustenter

chacun, monter les tentes, puiser de quoi se rafraîchir, éventuellement chasser et dépecer le gibier si nécessaire, si d'aventure…

Puis une prière fut dite – non sans que divers primates montassent sur l'avancée du promontoire pour y faire quelques farces. Le moment était grave, jamais aucun de ces poilus sauvages et jacassants n'avait quitté le village. On construisit encore, pour ces explorateurs, une chaloupe à la mesure de ce qui pouvait convenir, esquif de quatre-vingts coudées que les orangs auraient à transporter jusqu'au premier des marécages bordant les dunes sur des centaines de lunes de marche. Alors on progressa courbé, méditatif, longtemps, sans même parler. Le plus pénible fut une obscurité sans arbres, sans animaux, sans toute la faune connue dont tous les singes savaient intuitivement le cri, les hululements ou mises en garde. Non, rien, un silence minéral où la petite troupe tentait de dormir avant de recommencer le lendemain à marcher sous le soleil. Le petit enfant des hommes cuisait, sa chair rosie car non conçue pour de pareilles températures, on avait fait un dais, et Gligli avançait en se protégeant du mieux possible de ces rayons terribles.

Comme plus personne n'avait depuis la chute des pourfendeurs humains visité cette selva, son expansion primaire contenait maintenant beaucoup d'espèces nouvelles ayant vu le jour et quelquefois muté. De grandes

asperges volaient dans des nuages d'azote impressionnants. On se serait cru sur Mars. L'écosystème et toutes les parthénogenèses envisageables avaient fleuri en se concertant, très inventifs parce que se sachant libres de développer ce que dès lors aucun profanateur n'irait salir, et cela dans toutes les dimensions depuis l'extinction des hommes à portemine et à complet veston.

C'est vers là-bas que cheminaient maintenant Ziki et le piteux Gligli dépérissant mais n'abandonnant pas. Combien de lieues innombrables avaient-ils parcourues ? À l'horizon c'était parfois quelque chamelle et son tout-petit à allaiter en prenant soin qu'on ne l'interrompe, ou alors des busards, des antilopes de l'Ouled-Naïl, des colobes à joues blanches, des dromadaires, des zèbres, mais plus on avançait et plus l'astre fatal sommait toutes les espèces de se préserver en s'enfonçant dans le sol, et là plus aucune plante, plus de vie. Parfois quelque panthère sauvage et famélique, égarée, ou une autruche, voire un couple de lions, le mâle sur sa femelle, qui la gardait, la protégeait tout en la travaillant de façon charnelle dans l'attention précieuse qu'ont ces bêtes-là, qui sont très amoureuses et savent se montrer dignes de la lionne qu'ils engrossent. Évidemment que ces scènes d'accouplements furtifs sur fond de savane brunâtre, Ziki ne se gênait pas de les faire savoir au malheureux Gligli qui mourait de soif, de faim, eût aimé un beefsteak, quelque chose de solide alors que les orangs ne le nourrissaient que de dattes et de prunes séchées.

Puis vint le vrai désert, le désert inconcevable, la carte du monde ancien telle que l'avait reconstituée le sachem alouate à grande queue brune et crinière blanche : d'abord un vaste paysage craquelé où bien longtemps avant s'établissaient quelques murailles de terre entourant les vestiges de ce qui s'était appelé Coquilhatville. Puis Baguiri, cité construite en sable, elle aussi désertée. Là, on ne voyait plus d'ours, plus aucun mammifère, seulement de ces délicats et très rapides ratons gros comme une main, qui d'une touffe rabougrie à l'autre allaient se poster en agitant de petites oreilles pointues. Des échassiers ou des rapaces les observaient d'en haut, qui tournoyaient comme signifiant qu'il valait mieux ne pas s'isoler ni ralentir, ne pas finir terrassé par la chaleur ni s'allonger de fatigue avant la nuit. Alors on s'engageait dans le pire : roussi de soleil et dévasté de lumière, c'était, face au versant du Kordofan, l'Anglo-Égypte. Puis l'Ovadi-alpha. Là, bifurquer très légèrement à gauche de ce que la boussole indiquait. Les sables de l'Adzjir et la Tripolitaine-Cyrénaïque. La côte, enfin, cette fameuse ligne de feu en face des eaux profondes.

En admettant que six paires d'orangs n'aient succombé en route, s'embarquer de n'importe où sur la barcasse allant aider à traverser une mer bleu azurite – ou bleu de montagne, comme si, par ces courants, les cimes les plus abruptes eussent été inversées sous un liquide empli de poissons fuselés qui allaient suivre ou précéder la proue. Des dauphins, oui, amis des hommes

et dont les pitreries ne seraient pas étrangères, non plus, à celles des singes. De là on parvenait enfin, après un maritime trajet semé d'ondines qu'il ne fallait ni regarder ni ouïr, en vue d'une île nommée Hitak.

Au pied du séquoia, lors de leur entrevue avec le chambellan des singes, Gligli tout comme Zika n'avaient pas bien compris le pourquoi d'une émotion très incroyable qui saisissait le vénérable au point de lui tirer des larmes. Quelle en était la cause ? Tentant de réprimer un pleur coulant sur le pelage grisâtre de sa bajoue, le sage animal avait tenté de leur expliquer : un jour, dans un passé immémorial, un long récit dont nul n'avait plus trace narrait un impensable voyage très similaire à ce que ce petit enfant des hommes avait à accomplir afin de se rapprocher d'une société qu'il croyait sienne. Ce récit parlait de mythes et de déités multiples. Des choses très similaires à ce qui s'était produit pour ce petit être pâle avaient eu lieu, mais lui, l'avait-on rapté quelque part ? Sa tribu primitive s'était aventurée trop loin en territoire des singes ? Quand ? De là ce petit bipède avait été prélevé, enlevé ? Il en avait pâti, vendu ensuite à Horg, bien que tous les singes ne soient ni plus ni moins méchants que gentils, simplement impassibles quant à la destinée bonne ou mauvaise de qui est libre ou non ?

Une fois Hitak en vue, puis dépassée sans que, comme l'avait intimé le sachem, il eût été question de descendre à terre, de grands mamelons grisâtres se

dessinèrent au loin. Il fallut accoster, mais pour s'en tenir à quelques précautions et se méfier de formes inattendues qui auraient pu maintenant surgir à tout moment, il fut convenu d'attendre que le petit dhomme allât quérir tout seul ses congénères. On l'attendrait ici, dans ce repli rocailleux tout à fait invisible ; on resterait à patienter pour lui jusqu'à la prochaine lune. Puis les six paires d'orangs en compagnie de Ziki vinrent un à un serrer Gligli contre eux et lui donner une embrassade.

Alors Gligli fut seul en haut d'un tertre qui pouvait bien avoir été gravi des millénaires plus tôt. Il avança, s'interdit de réfléchir, ne voulut pas se retourner, fragilisé d'avoir ainsi laissé ceux qui l'avaient aidé. Tout en marchant, tandis que la nuit tombait, il se fit cette question : savoir si ces mêmes chimpanzés ne sachant compter ni concevoir le moindre étage en dur n'étaient pas sa famille. Étrange souci que de se demander en quoi si différent et à la fois semblable ? Il avait quelques fruits, c'est tout. Il fallait bien qu'il aperçût très vite quelque chose de vivant, et le premier humain qu'il vit dans les lueurs du crépuscule fut un être chevelu qui se tenait près d'un feu. Gligli remarqua alors, au côté de cette silhouette, que conversaient d'autres barbares en partie nus. D'entre ces phénomènes, une forme plus imposante se retourna et lui fit signe. Il s'approcha du feu, s'assit.

Ce groupe d'hominidés que Gligli pensa ne pas pouvoir comprendre était maintenant devant lui. Il avait tant voulu voir ça, tant accompli de chemin pour cet instant qui là, exaucé, onirique, semblait lui dire de ne pas poursuivre, ou tout au moins n'en espérer pas plus, reculer, disparaître. Ces gens semblaient loger soit dans des huttes, soit dans des grottes, certains très sales, d'autres soignés. Un air de liberté allait de l'un à l'autre, tandis que les regards paisibles brillaient de mille lueurs que les flammes attisaient. Il devina le profil d'une fillette de son âge dont on lui dit le prénom : Élonita. Elle se rapprocha de lui. Tournant autour du feu pour venir s'accroupir près du petit inconnu, elle le regarda, le fixa sans un mot. Elle aussi était nue, dont les similitudes anatomiques parurent à Gligli acceptables ; même buste, des bras semblables, un menton similaire, des yeux coquets, rieurs, mais pas rieurs de cette malignité faite d'apathie bornée qu'ont les primates.

Les bras ramenés autour des genoux, elle présentait un fascinant visage que le feu léchait en l'éclairant de façon subtile. Gligli sentit monter en lui et le parcourir un sentiment qu'il avait toujours cru devoir exister sans le déceler vraiment parmi les singes. Cela lui sembla facile, il crut sentir la main de cette étrangère saisir la sienne, se laissa faire, en fut empli d'une joie inouïe et inconnue. Autant de trajet pour ça ? Mais certainement que la vie était ici, tombée en une seconde, personnifiée par la façon charmante et même électrisante qu'avait

cette enfant brune de le détailler. Que sa race était belle, inconcevable pudeur des articulations et proportions. Il était donc ainsi, lui aussi, qui ne s'était jamais vu ni contemplé dans des miroirs ? Il en fut fier, de cette appartenance, en conséquence se mit à détailler plus complètement sa petite voisine. N'avait-on prétendu que seuls les êtres blonds s'étaient dotés d'une résistance face au virus, avaient pu réchapper ? Ou bien plusieurs générations eussent-elles œuvré à modifier les composantes de cette folle tragédie, payé leur dû et initié, avec l'aval de la nature, un processus de rédemption afin que tout fût rétabli comme d'origine ?

On lui servit de la viande, un ragoût calciné qu'il adora. Son atavisme était ici, à désormais manger ainsi, à observer des maxillaires qui n'avaient rien du singe.

Élonita lui proposa de se lever, le mena dans la nuit. Ils marchèrent sur la terre, sur le roc. Le sol était coupant. Là, elle le fit asseoir et lui montra la mer. Ils étaient haut, très haut, se trouvaient maintenant sur un vaste promontoire entièrement formé de craie. On voyait loin, la lune se reflétait sur de grandes vagues venues se fracasser en contrebas. Elle lui parla, et il comprit les mots et les usages, les sut inscrits en lui, apprit de quoi ces gens vivaient, devina qu'on ne tuerait plus mais s'emploierait à uniquement aimer. Elle lui montra ses écritures. C'était de petites entailles à même la roche. Quel peuple, quelle filiation inouïe ! On les avait voulu

détruire dans leur totalité, les hommes, et ils s'étaient ressoudés, réactivaient ici leur incommensurable intelligence, la reportaient et l'affinaient sur le concept très épuré d'une écriture formée de traits obliques tranchés d'une simple ligne horizontale.

On était sur le point de réinventer toutes les définitions liées au savoir, lui dit Élonita, et cela tiendrait dans quelque chose gros comme une paume. Elle rit, lui fit toucher de l'index une sorte de stèle polie où quelques lettrages enfantins semblaient danser, effacés pour partie. Elle lui fit lire. C'était son nom, marqué de deux traits se chevauchant. Alors elle regarda Gligli et l'embrassa, mais pas comme embrassaient les singes, pas en jappant, pinçant, pas en crachant, évidemment sérieuse comme si cette attitude était d'une gravité extrême et possédait une signification précise. Elle ajouta ceci : les erratiques s'étaient regroupés pour méditer au pied d'une Acropole reconstituée, elle lui parla des dieux qui s'étaient fait un petit Olympe sur terre et désormais méprisaient moins les créatures qu'ils avaient mises au monde ; envisageaient, et pourquoi pas, de les soutenir, les réhabiliter dans une concertation curieusement prophétique, disant ceci : « Ô hommes, si vous aviez voulu ! On vous a tant donné, vous possédiez la possibilité d'inventorier vos compétences en les axant exclusivement sur la médecine ou le savoir, et vous eussiez alors conquis toutes les sphères cérébrales sans avoir rien froissé des équilibres

ni de la suprématie d'une pastorale indispensable. Nous vous avons sauvés une seconde fois, consacrez-vous à la chimie et aux organes, à la fiction et aux espaces de galaxies et de mouvements célestes. »

Plus de canons, plus de fission. Gligli était resté longtemps sur cette falaise à écouter Élonita lui expliquer l'irrépressible espoir que cela fût vrai, que les hommes soient pour toujours fervents et bons, partageurs, solidaires. En disant cela elle lui glissait un bras autour du cou et il sentait les frémissements de son âme. Il se demanda : où serait la vérité, ici ?

Au jour il vit qu'elle était même encore plus belle que ce que la nuit avait suggéré d'elle. Sans le moindre vêtement elle ressemblait à ces images venant parfois durant le sommeil et s'insinuant au cours de sensations dont Gligli ne savait pas d'où elles pouvaient provenir, furtives apparitions qu'il se devait de comparer à celles de quelque espèce divine qu'il ne pouvait qu'imaginer. Bien que Gligli eût l'âge qu'ont les esprits emplis de pureté et dénués d'artifice, que de la même manière Élonita n'était encore que peu élaborée, ils s'accordèrent une longue journée et une longue nuit de bonheur. C'était tactile, furtif, ils se touchaient, se frôlaient, se léchaient, puis s'écartaient l'un de l'autre pour mieux se détailler et s'apprécier mutuellement.

Un jour encore et puis Élonita vint présenter Gligli à la fratrie. Le père était un grand gaillard au regard sou-

cieux et attentif, heureux que sa fille eût découvert celui qui lui convenait pour l'amuser et la coiffer, lui cueillir des pommes et des cerises, lui tresser des couronnes, et cela bien que cet enfant eût une provenance curieuse. Ne voulant dissimuler la vérité de son occurrence, Gligli avait d'emblée, devant le géniteur d'Élonita, admis qu'il arrivait de très loin, de l'autre côté d'un monde partiellement annexé par toutes espèces de singes, que ceux-ci l'avaient élevé, nourri et même conduit ici, qu'en conséquence il leur était redevable de ça : avoir trouvé cette Acropole, Élonita et ses semblables.

« Ah oui, les singes… », lui fut-il répondu d'un ton presque moqueur. Puis il resta encore en parfaite harmonie à converser avec ces érudits, les découvrit alertes, qui conservaient certaines pratiques anciennes et de maturité tout à fait comparable à celle de leurs ancêtres. Durant autant d'instants la main d'Élonita n'avait quitté la sienne. Elle le suivait, le griffait, jouait comme un chat. Ils se mangeaient des yeux, se cherchaient des caresses, mais au matin suivant Gligli se souvint qu'il devrait à la nuit regarder la lune. Combien de dizaines de jours avaient passé ? Il lui était maintenant indispensable de se décider : rester, repartir ? La première solution était d'aller prévenir ses compagnons. Ils dormaient dans les arbres, s'étaient montrés patients, devaient guetter son retour. Ou bien la seconde : ne pas repartir, fermer les yeux très fort et ne les rouvrir que quand Élonita le lui dirait. Ou encore la troisième, la présenter

à son ami Ziki, l'emmener ? Puis il se dit que c'était troublant de se retrouver à ce point à la croisée de deux mondes si étrangers et certainement inconciliables. Dans cette impossibilité de trouver le sommeil, il se demanda si réellement la solution était ici. La réponse fut celle-ci : il avait trop pris goût aux séquoias et aux gambades, à la forêt touffue où l'ombre régnait et faisait naître des tas de recoins feuillus, de mares. Était-il destiné à la sagesse, aux livres, ou pour un tel domaine d'érudition que ceux qu'il découvrait avaient à ce point soigné mais qui servait à quoi ? Pourrait-il s'abstenir d'une relation avec Élonita ? Ou la prendre avec lui, la faire aller là-bas, vers le pays des singes ? Cela signifiait qu'elle quitte ses géniteurs et qu'elle oublie les conventions et connaissances que même enfant elle subissait déjà et acceptait. Son père, fervent de sigillographie, avait fait à Gligli cadeau d'une très jolie médaille où l'on voyait, gravé en lacs de soie et encadré à chaud sur une lanière de cuir, un sceau élaboré représentant le profil absolument parfait d'Élonita.

Où cela finirait-il ? Les gens d'Acropolis se liaient très tôt, puis la vie continuait sans que l'on vît pour autant naître beaucoup d'enfants. Gligli ne savait quoi faire. Face à tant de majesté, une émotion inverse s'empara de lui. Pour écarter ce dilemme, il trouva préférable de s'arranger de pareilles contradictions en quittant le camp avant l'aurore. Le feu était éteint, les débatteurs dormaient. Il écarta la couverture qui les avait couverts,

lui et Élonita, regarda une dernière fois le si joli visage que l'enfant d'Acropolis avait dans son sommeil mais ne l'éveilla pas, ne voulut pas la peiner, s'écarta tout doucement de sa chaleur enfantine. Elle était allongée, reposait sur le sol, il lui voyait le dos, la hanche, la nuque dans son endormissement, tout cela si admirable qu'il crut une dernière fois devoir rester, renoncer à partir.

Il lui fit un baiser qui ne la réveilla pas, se redressa, respira un grand coup, bomba le torse et s'en alla sans se retourner.

Lors du retour triomphal, la fête organisée pour célébrer les singes revenant de là-bas fut une date mémorable. Les deux héros étaient évidemment Ziki autant que Gligli. Ce dernier, surtout, constamment acclamé de pirouettes et de glapissements sur tout le trajet de son arrivée et jusqu'à la bourgade. Il avait vu des hommes, des vrais, c'était réel. Il les avait trouvés modifiés, certes, mais ne s'en plaignait pas. Race supérieure, dit-il, qu'il était bon de ne pas juger, qui désormais ne détruirait plus.

Certains singes en furent heureux, d'autres curieux, très peu s'avérèrent suspicieux : où, quoi, comment ?

Seule une minuscule sapajou ne participa que très peu à la liesse populaire : Zika, femelle comme toutes les autres qui devina que Gligli avait connu là-bas, avec quelqu'un, un sentiment sensationnel, ce que Gligli n'avait même pas conté à qui que ce soit, pas même à Ziki. Par instinct animal, ce dernier avait tout de même

noté Gligli très différent lors de la retraversée, désolé, ténébreux, ne parlant à personne, s'isolant sur le pont, ne voulant livrer de détails sur les moments passés auprès d'un feu en compagnie des quelques-uns dont il disait ne pas avoir mémorisé les traits. Pas de commentaires non plus concernant leur acquis, s'ils allaient bientôt réactiver des connaissances qu'en fin de parcours tout le monde, toutes les espèces, et même les plus critiques, avaient fini par regretter, car il fallait admettre que le moindre vermisseau cessait sa reptation et que le plus minuscule des oiseaux-mouches interrompait son vol en levant la tête, quand, si longtemps avant, du temps de leur machiavélique suprématie, un avion fendait le ciel, qui traversait les airs en avalant d'un coup quelques déserts non franchissables auparavant.

Voyant Gligli si triste, Ziki lui affirma qu'on pouvait bien imaginer des fiançailles avec Zika, mais cela ne résolut rien, car quel serait le futur d'un être ballotté entre les deux espèces ? En son rêve intérieur Gligli se répondit ceci : une nuit et une journée auprès d'Élonita, imaginer les fantaisies et les plaisirs interminables et ne les pas concevoir dans le monde des singes : alors que restait-il, qu'envisager ou qu'accomplir de plus ?

On le retrouva pendu. Il avait eu beaucoup de difficulté à grimper à cette branche, troisième du séquoia de Horg. Et encore plus à s'arrimer à l'une des lianes suffi-

samment puissantes pour qu'en réalité celle-ci le soutînt longuement avant qu'il rendît vie.

On ne l'enterra même pas. Les mouches vinrent se servir sur cette anatomie si tendre, que la strangulation avait encore désassemblée, et Zika disparut, elle aussi, n'allant pas se pendre mais décidée à s'exiler de cette bande de dissolus macaques qui désormais, maintenant qu'elle n'avait plus près d'elle ce petit humain, ne l'intéressait pas.

Ziki, de son côté, désemparé, alla trouver une nouvelle fois le sachem à crinière blanche qui décida de le mettre en garde : on devait s'y attendre, craindre de nouveau ce que l'on avait subi durant tant de siècles.

Quoi ?

Que la machine du mal allait se mettre en route une seconde fois !

À la suite de quoi il alluma une pipe emplie de quelque chose qui sentit âpre et dont les toutes premières volutes vinrent envahir la petite demeure obscure creusée dans le séquoia.

Il voulait dire que la nature avait baissé la garde, qu'un nouveau Pythagore et que de nouvelles issues de compétences néfastes allaient fleurir. Printemps conquistador et prétentieux des mille manières que l'homme s'attribuerait pour s'arroger une nouvelle fois des droits sur tout. Il eût bien mieux valu, ajouta le sage, qu'il n'en restât aucun, de ces pernicieux bipèdes, parce que réinventer algèbre et cosinus, poudre

guerrière et sophistication de perspectives moléculaires servant à avilir et affamer, et cela jusqu'à l'atome auquel ces conquérants, dans un souci de superstition, iraient jusqu'à donner un autre nom ? Pas la peine, on pouvait s'en passer !

Ziki, qui jusqu'alors avait tenté de rester respectueux, sentit qu'il s'emportait : « Encore, encore, jappa-t-il affligé, raconte, explique, nul ne peut croire à cela, que c'en soit fini de ces douces périodes de siestes et de délicieuses maraudes entre les arbres et les rayons où volent les papillons et où paressent tortues et caïmans sans désirer se nourrir plus que ce que l'estomac... »

Le sachem l'interrompit : « Oui, pire que tout... et bien que je ne sois pas pourtant un inconditionnel des méfaits de la nature, parce que, vois-tu, depuis que je mémorise ses agissements très contestables, et par exemple dans un pays que tu ne connais pas situé au-delà de la mer des Sargassières, j'en ai compté, des cataclysmes et des tremblements de terre, des éruptions et des typhons ! Plus d'un million sept cent quatre-vingt mille décès dus aux intempéries et aux famines diverses rien que dans cette région-là, hein, qu'en dis-tu ? Et je ne te raconte pas toutes les famines et les épidémies, malnutritions, fausses couches... Elle joue, s'amuse de nous, nous sommes son triste laboratoire des expériences tandis qu'elle fait la belle, la nature, se vautre dans de sournoises évolutions chacune plus stupéfiante de narcissisme, mais en réalité elle n'est qu'une entité

mauvaise, oui, la nature est perfide, qui tue, pend, éviscère… Certainement es-tu triste d'avoir perdu ce camarade humain dont je me rappelle le regard intéressant, mais en réalité cette perte n'est que, comment dit-on ? » – là, il s'interrogea : « Collatérale ? Oui, c'est ce mot-là, parce que en comparaison des tsunamis et raz de marée !… »

Ziki repartit avec tristesse chercher Zika. Tout allait recommencer, fallait-il le lui dire ? En chemin il vit que tout le monde allait voûté, les bras ballants et les grandes paumes ouvertes qui frottaient le sol. On lui apprit pourquoi : ce matin avaient été récupérés les corps de douze petits gibbons secs comme une trique, qui eux aussi avaient voulu tester une pendaison comme l'avait fait Gligli. Et le lendemain pareil, il fallut décrocher presque autant de petits singes dont le corps sans vie pendait ici ou là aux branches des séquoias, sachant que eux encore, copieurs et culbuteurs, avaient voulu par mimétisme agir ainsi que l'avait fait Gligli, devenu depuis son voyage comme un modèle dont tous les faits et gestes devaient être singés, que décalquaient ici et en détail les imitateurs nés.

Puis la vie avait repris. Il n'en restait pas moins ce que le sachem à bajoues avait prédit, sans l'ébruiter, que seraient bientôt réactivés les innombrables méfaits, que la science destructrice mènerait à d'autres bathyscaphes,

d'autres engins volants, et qu'il ne croyait pas à une prise de conscience.

En ruminant ce constat, il s'était convaincu qu'alors il valait mieux prôner des habitudes plus sages, les rites ou les pratiques légués dans des ouvrages qu'il conservait au fond de son tronc et savait lire, lui, tout cela dans la pureté et l'idéal de ce que les défunts sages avaient appelé jadis « usage platonicien », enseigné à Athènes dans les jardins d'Académus. Qui se souvenait d'Athènes ? En conséquence, n'était-il temps d'aller se dorer longuement sous le soleil déclinant ?

Allongé sur le dos, le sachem s'étira. En attendant qu'un peu de savoir se fasse dans la cervelle des singes, il déplora que ceux-ci se reproduisissent bêtement et s'accouplassent de même, puis en conclut que ce ne serait pas comme ça que le petit village médiocre serait sur le point, un jour, d'en remontrer aux humains.

Il s'endormit, rêva de tout un contingent de bananes lui faisant signe, et justement ce fut un lourd régime de ces fruits-là qui lui tomba dessus, l'éveilla. Il se releva, grogna : où se trouvait-il ? Ah oui, ce village et tous ses habitants à mine grotesque, les singes saïmiris ou sapajous. Alors il se pinça : n'en faisait-il partie, pouvait-il l'oublier ?

Revenu au centre de la bourgade il croisa Horg et le salua, remarqua qu'il avait mis à l'ourlet de sa houppe-

lande un bout de crêpe noir formant galon, conséquemment au deuil qu'il lui fallait porter des quelques petits sakis et tamarins que l'on venait de brûler sur un bûcher commun et que, vu son statut et sa notoriété, il était tenu, à l'instar de Gligli, de considérer comme siens.

3.

AYUDRAYAPURA

— UN PARADIS

À UNE ÉPOQUE OÙ LES JOURNAUX n'existaient pas et où l'on ne proposait que de vertueux pamphlets sur des feuilles de lotus, vivait, non loin d'Ayudrayapura, un prince qui s'ennuyait. Ce prince aimait les fleurs. Il en avait fait venir de tous les coins du monde, toutes les contrées distantes, élevées, basses ou concaves, convexes, chaudes, froides, mais excluait les plus reculées, les plus glaciales et les parfois trop proches du pôle où il n'avait pas cru devoir envoyer quiconque dans le but de consigner ce que la planète possédait de rare.

Rare ? Cela lui importait peu, car rare comment ? Des bijoux, des bateaux ? Rien n'égalait les fleurs, et malgré cela, malgré toutes les splendeurs qu'il possédait et faisait arroser aux heures de grande chaleur par nombre de serviteurs aux couleurs respectives de chaque massif

et chaque allée, il s'ennuyait quand même, se languissait.

Il cherchait dans les astres, lisait dans les présages, souhaitant sans trop y croire que le diagnostic des hommes qu'il faisait venir régulièrement, et à grands frais, d'autres États d'au-delà les océans, livrât la cause de son ennui ou découvrît la vraie raison de son désintérêt à tout.

À tout, hormis les fleurs. Originaires des hautes vallées, c'étaient les chrysanthèmes d'un bleu particulier, les digitales et les calices, les corolles d'orchidées ou les lys sulfureux, les renoncules et marguerites de l'Océamanie, les jacinthes d'eau, le liseron des lagons, quelques natives savantes qui croissaient dans la lave.

Il compilait tout ça : les orties flamboyantes ou la ciguë, les carottes inventives et les fleurs d'artichaut, ne sachant parfois si ce qu'on lui apportait était vraiment sans âme, sans nerfs, sans pulsation cardiaque.

N'ayant aucun éclaircissement ni ouvrage botanique qui lui aurait permis de comparer ce que d'autres collectionnaient d'une passion similaire, il excluait la possibilité d'omettre la moindre tentative, voulait tout, gardait tout, se faisait dessiner, comparer, sécher et encadrer jusqu'aux lobéliacées à suc laiteux, âcre, parfois vénéneux.

En son palais, construit comme il se devait de nougatine dont il laissait, en guise de friandise, lors de la Fête

des Fleurs, des pans entiers à la population, l'observateur était parfois surpris de voir les enfants grimper jusqu'à la plus haute tour pour y subtiliser le chocolat d'un étendard, passer ensuite au sucre d'une bombarde avant de s'attaquer à des murailles de lourds galets de nougat découpés à la scie et assemblés sans liant.

Jamais une guerre, jamais un soulèvement, typhons et raz de marée, qui normalement auraient suffi à décimer le peu de ses gens et donc amené à ce que le restant du monde s'intéressât à lui, passaient d'un continent à l'autre sans ralentir ni s'arrêter.

Des canons d'apparat, des oriflammes fictives. Il restait ces ventrées, ces réjouissances et ces festivités que le calendrier de la saccharine avait à célébrer chaque troisième jour du mois prépistillaire. Le moindre individu était alors gavé de toutes sortes de friandises. Les plus goulus tombaient malades, en conséquence une apathie semblait s'abattre sur la cité lilliputienne où s'élevaient des coupoles contenant les reliques d'austères divinités ayant, suite à ces distractions sur lesquelles elles n'avaient pas prise, fini par ne plus intéresser quiconque.

Qu'il soit prince ou monarque, de lignée immémoriale ou d'une hérédité plus accessoire, peu lui souciait, à cet atrabilaire cherchant à s'investir dans quelque chose de grand et surveillant la bonne tenue de toutes ces célébrations croquantes et odoriférantes. Il se savait

spirituellement garant de la religion du sucre, mais cette responsabilité le laissait indifférent au décorum et aux cérémonies. Il voulait être commun, se désolait d'avoir des qualités élevées plus que le reste de ses semblables, ceux-ci qu'il regardait à la lunette, de loin, usant d'une minuscule longue-vue en amandine chocolatée qui quelquefois fondait si trop de chaleur ou trop de lumière. Alors il retournait dans ses appartements, et, subitement, à l'ombre, lui venait l'idée d'une distraction comme celle de se déguiser, par exemple, dont le code se déroulait ainsi : on choisissait quelqu'un pris au hasard et le monarque en usurpait l'identité. Changeant d'accoutrement pour mieux tromper ce pauvre bougre qui l'accueillait en ne se doutant de rien, tous s'ingéniaient à mettre en place les artifices à la faveur desquels on éveillerait ce même individu le lendemain afin de lui dévoiler l'astre qu'il hébergeait. Étendards, lévriers, une centurie de valets et d'affairés, et pourquoi pas l'orgue monumental que le ministère des dièses et des bémols avait fait déposer et que l'on démonterait après que le monarque aurait interprété quelque cantate de sa composition afin que des flatteurs puissent l'applaudir.

Hors des enceintes, on dissertait alors sur l'azalée et les vertus du cinéraire ou s'évertuait à bien numéroter le nombre des cyclamens existant au palais, faisait des joutes verbales et discourait de telles inventions florales très tard. Au préalable la domesticité avait pris soin, afin

que rien ne troublât ni n'éveillât trop tôt Sa Seigneurie, de droguer correctement quelque nouvel amphitryon de basse extraction ne sachant pas non plus, à l'instar du premier, l'éminence qu'il logerait. On dévoilerait ensuite le facétieux monarque enroulé d'un tapis, et tout le monde devrait rire.

Il s'ennuyait. Se rêvait en différentes formules de chasubles élégantes ou bien se promenait nu, s'admirait, certain de sa musculature empreinte d'alliances diverses et le préservant de toute médiocrité en rapport avec l'âge, lui qui disait ne s'assembler qu'avec les fleurs et affirmait que ce n'était pas si simple d'y parvenir.

Il vivait en hauteur, surplombait la vallée des vents et des arômes, ce nom parce que les vents y apportaient sans cesse des associations de liqueurs retombant en pollinisations qui ensemençaient les grandes étendues vierges. Le prince, et bien qu'il s'ennuyât, avait alors à admirer quelque panorama lui paraissant chaque fois nouveau, ainsi que dans son royaume chaque fait ou geste relevant de son bon vouloir devait être nouveau.

Il y avait donc des fêtes. Celle du Liseron, où toutes les petites Ayudrayapurniennes habillées en fleurs blanches se succédaient dans un ballet de collerettes, ou bien du Nénuphar Céleste, et c'était là les gosses ayudrayapurniens que l'on peignait ou attifait, joufflus et sots mais augmentés de forts pétales violets. En découvrant le trop

d'obéissance de ses sujets et constatant que nul ne se révoltait sinon dans l'illusion de goinfreries nouvelles, le prince imaginait parfois devoir abolir ces délassements. Bien que les fourneaux œuvrassent sans discontinuité à des ruisseaux de succulences pâteuses, il eût fallu une récession, se disait-il, une vraie, une qui aurait permis qu'il se montre magnanime, pesât sur ces sujets comme il pesait sur tout, se piquant d'être bon et ne se préoccupant que de solutionner certaines hypothétiques questions telles, par exemple : les fleurs ont-elles une âme ?

Il retournait ensuite s'ensommeiller avec difficulté, lui qui avait pourtant des oreillers et édredons de toutes les envergures et épaisseurs, doubles, triples, munis des quelquefois multiples opacifiants pour éviter de se retrouver plongé dans l'immature objet de son obsession : les fleurs.

Il se demandait si ce n'était pas la masse des plébéiens qui contrariait son rêve, l'empêchait d'avancer et de se positionner sur une proposition plus ambitieuse. Devait-il déléguer ou enchaîner autant de Fêtes des Fleurs qu'il y avait de jours dans le mois ? Produire d'autres décrets parlant de gaufrettes et de crêpes ? Ces libations donnaient des habitants totalement niais et endormis, atteints de coliques avec parfois de longues agonies au bout, ce qui impliquait que les différentes autorités d'Ayudrayapura s'interrogaient sur quelque possibilité de mettre en action des lois plus restrictives.

Certains des habitants étaient alors si mal en point, le ventre si gonflé, et souvent des enfants, que les parents s'inquiétaient, mais ces mêmes mères ou pères se retrouvant sous les appartements princiers pour y faire part de leur revendication ne demandaient rien que de continuer ces goinfreries. Il fut à ce moment-là question que le préposé aux bonifications en fasse une attraction de plus d'envergure encore afin qu'on vînt de très loin pour célébrer de tels événements où, comme à l'habitude, le palais et toutes les dépendances allaient être mis à sac, puis, dans les jours suivants, par les pâtissiers du royaume, reconstitués évidemment à l'identique.

Le régnant aimait le sucre comme il aimait les fleurs. Ne se voyant pas privilégier le premier au détriment des secondes, le problème était que pendant la Fête des Fleurs il fallait bien que celles-ci, en leurs divers massifs, soient déplacées et protégées, qui sans cette précaution eussent été piétinées. Il fut question d'envisager alors une logistique qui pallierait l'appétit de gosiers que rien ne calmait, mais également de sécuriser les serres et les parterres. Une fois cela accompli, il pourrait se reposer. Il constata bientôt qu'après de pareilles ventrées il n'y avait plus la moindre vitalité dans les rues de la cité. Revenir alors à ses supputations, se dire que, s'il avait fallu, en second lieu, après les fleurs, confier ce qu'il devrait garder ou préserver, il aurait répondu qu'éminemment précieuses, dignes d'attention

et de sollicitude, ce serait les frêles enfants comme quelquefois il en suivait des yeux, sauvageonnes inventives, primitives, souvent ne sachant pas lire et que pourtant aucun de ses courtisans n'était en mesure de battre sur le terrain de l'adaptabilité et de la célérité. Ne possédaient-elles pas les perfections diverses dans la manière d'être chacune distincte ? Il s'agissait bien sûr de ce qu'il notait de ses fenêtres ou remarquait au bas de ses tours lorsque certaines se déchaussaient pour ôter un caillou. Ce gravier les gênait parce que les filles étaient, lui disait-on, données pour être toutes d'exceptionnelle fragilité. À l'instar de ses fleurs on ne les pouvait toucher sans qu'elles se détériorent, flétrissent ou dépérissent.

Il leur parlait, en arrêtait dans leur promenade, laissait ses gens leur dire comme il les appréciait et les trouvait charmantes, et l'un de ses officiels lui en conviait alors dans ses appartements afin que lui, monarque, fasse apprécier la nougatine d'une porte ou le sablé d'un trumeau, et l'une ou l'autre de ces pauvrettes s'exécutait sans que cela gêne le prince parce que, remarquait-il, il les voyait inévitablement parées de la légèreté et de la futilité conjecturale de ses fleurs les plus rares – et qu'il avait fini par arroser lui-même depuis que l'une d'entre elles, par mégarde, foulée par le sabot d'un cheval et en ayant péri, lui avait fait songer que toutes devaient mourir de leur belle mort, car faner, se dessécher, n'empê-

chait pas que certaines d'entre elles fussent à ce moment plus désirables encore.

Il aurait pu, bien sûr, s'intéresser aux animaux, aux chevaux, aux catapultes ou à l'astronomie, mais lui c'était les fleurs, les fleurs et les longs cheveux de certaines enfants fronçant pour lui leurs beaux sourcils. Par similarité, il les voyait sous l'angle de son aréopage floral, or le problème était que durant la Fête des Fleurs, suite à ces gourmandises, il en perdait beaucoup. Ne voyant comment ou par quelle directive il pourrait faire en sorte qu'elles en soient préservées, il supposa très opportun de les associer à ce qu'il connaissait le mieux, les rapprocher alors de ce que les fleurs possèdent, ongle pour un pétale et étamines pour des paupières. Y voyant là quelque solennité louable il fit appeler son chambellan et lui parla ainsi : « Vois-tu, mes fleurs sont belles, elles sont toutes attirantes mais pour que je les aime il leur faudrait une chose comme quoi, comme la parole, peut-être ? »

Sachant les sentiments parfaitement raffinés qu'avait son maître, le chambellan fit venir ses conseillers les plus talentueux et il leur dit : « Le prince désire que ses amies les fleurs aient à l'avenir l'usage de la parole, emploient ce beau parler avec intelligence afin qu'il puisse lui-même, dans son palais aux mille parfums et mille couleurs, converser, dialoguer, les voir diverses dans sa galerie des nougatines, multiples et volubiles dans son donjon des croustillants. »

Les cultiver, voilà l'idée. Mélanger filles et fleurs. Il exigea alors que se pratiquât dans tout le palais une étiquette nouvelle de sa composition. On parlerait ainsi : renoncule rouge – « Vous méconnaissez mon amour ». À quoi devrait répondre ceci : camomille blanche – « Je vous suis attachée ».

De par la correction du beau parler, la minuscule cité eut à nouveau quelques couleurs. On publia les ordonnances correspondants aux expressions *ad hoc* : l'absinthe d'un blanc verdâtre était « Vous me causez grand-peine », le bouton d'or : « Heureux d'aimer », mais aussi les colchiques, et avec elles toutes les nuances qui indiquaient la jalousie : « Ne pas vous voir me fait souffrir ». Ainsi les émotions montaient en des sommets de raffinement que même les plus indifférents d'entres les serviteurs se mirent à admirer, s'émerveillant de cette possibilité : la certitude de s'enrichir au cas où se perfectionnerait le subterfuge donnant la parole à des pétales. Cela ne concernait-il pas nombre de décideurs ayant un similaire regard sur ce que l'humanité n'avait encore jamais imaginé ? Ne serait-ce envisageable que les académies de la terre s'informent et veuillent savoir ? On délaissa les digues, cessa de tracer le long canal censé désenclaver Ayudrayapura et reporta ces sommes sur le projet des fleurs, ferma les bâtiments publics, les postes et les écoles, démonta les coupoles pour laisser place à des laboratoires où quelques inventifs se mirent

à réfléchir à pourquoi et comment greffer muqueuse ou glotte à un liseron ou du genêt, de façon plus prosaïque intervenir sur ce qui égayerait le palais en gargouillis et embryons.

Bientôt la chose fut prête. Dans l'entonnoir ayant à agréger ce qui au préalable avait été ôté à la mucosité de fillettes qu'on endormait comme pour l'opération des amygdales, on pressait cela, le passait au tamis, gardait un peu de la solution, cherchait à constater la concrétion mielleuse de quelque chose comme une narine, un lobe, faisait tomber dans la centrifugeuse l'échantillon en formation, le secouait jusqu'à solidification.

Le grand volume où s'opérait cette implémentation était un vieux modèle d'étuve à autoclaves prélevé longtemps avant et qui s'utilisait encore pour séparer la graisse de yak et la faire fondre. On avait mené l'engin jusqu'à Ayudrayapura, l'avait monté et peint, stérilisé, le voilà qui désormais trônait tout à côté de la chambre du prince, connexe à ses appartements, surveillé jour et nuit par quelques sourds-muets chargés d'en interdire l'accès.

Concernant la machine ayant pour rôle de saupoudrer ce qu'on y distillait d'anatomique, le prince avait prévenu qu'il n'était pas question qu'il ne soit pas présent quand la première des filiations serait amenée à la vie, que si cela aboutissait il désirait garder la chose secrète un certain temps. En son for intérieur il estimait que de

tels balbutiements seraient toujours perfectibles, alors il fit appeler son majordome et lui parla ainsi : « Vois-tu, ces fleurs sont belles, elles sont toutes différentes et toutes ont la parole, mais pour que je les aime et que je m'en distraie il leur faudrait des yeux, quelque chose comme des lèvres. »

Le concerné ne manifesta encore aucune surprise et fit revenir ses mathématiciens et physiciens pour les prier d'inculquer plus à ce qui n'avait été que des fleurs, et il leur dit : « Le prince désire que toutes sachent autre chose. Il veut qu'elles aient ce qu'une fille possède. Et que possède, ô sages, ô hommes de science, une enfant-fille ? Notre prince ne le sait pas, il voit seulement qu'un sortilège les rend si attachantes que leur regard et mille détails d'unicité distante et fugitive s'avèrent chez elles emplis d'un charme fou ; il sait seulement que le pied ou l'ongle, le pouce, la lèvre, que tout ce qui les compose est d'une nature de perfection qui l'incite à induire une identique magie en ses corolles et ses pétales afin de réaliser l'apothéose entre deux apogées. Il désire davantage, veut que ces manipulations usent de leurs membres en harmonie de même que dans un art, une danse, dans un pas préparé. Sa Seigneurie aimerait tout simplement des entrelacs de finesse que chaque matin il surveillerait, ainsi l'exige le prince en son palais aux mille parfums et mille couleurs, ainsi a-t-il le souhait de contempler ces formes inédites diverses et harmonieuses dans sa galerie

des nougatines, multiples et volubiles dans son donjon des croustillants. »

Et cela fut fait. Le prince était ravi. Quelle ingéniosité dans les croisements ! Des particules si savamment dosées qu'il était impossible de percevoir où commençait l'enfant, où finissait la fleur. De là, fier de ce résultat encore à modifier, songer à une parade à l'occasion de laquelle serait présenté ce qu'il hésitait tout de même à préciser trop tôt. Ne sachant laquelle des deux essences prédominerait ni la teneur de l'abstraction charnelle dont il voulait s'attribuer seul la découverte, il reculait le moment de distinguer chacune par un prénom auquel il redoutait de s'attacher comme c'était déjà le cas pour quelques-unes de ses boutures les plus exquises dont la fragilité l'attendrissait.

Le harem avait su. Un des eunuques était entré un jour avec, sous son manteau, un plan juste abouti de *Lolitum tremens* dont les implants carnés venaient en droite ligne de quelque chose que l'on avait subtilisé dans une décharge où l'on laissait pourrir les nouveau-nés surnuméraires. Il s'agissait d'une simple mandragore aveugle amenée directement du grand fumoir à la centrifugeuse, plutôt fille qu'étamine, certes, mais n'avait-elle poussé en quelques semaines, si svelte que cela reculait ce qu'elle détenait d'admirable dans les retranchements les plus iniques de ce qu'une fleur a d'humain ?

Il n'y avait au palais ni préséance ni hiérarchie dans la manière de privilégier qui partagerait la couche du prince, mais les plus perspicaces, voyant un désintéressement grandir à leur égard, supposèrent vite qu'elles auraient à se méfier des manipulations pratiquées dans la cuve. D'autres subodorèrent dans l'ineptie des enfants-fleurs l'inéquitable proposition impossible à combattre, y devinèrent la menace de quelque chose d'inouï, considérant qu'elles-mêmes ne posséderaient jamais d'équivalence à cela et que ce qui s'annonçait était leur mort à toutes. Au cas où cette prédominance serait avérée, le peu de pouvoir qui leur restait irait s'amenuisant, car forcément sujet à ce qui évidemment ne concernait aucune des nées en pot élevées et élaguées dans le sens de l'excellence.

Vu l'éloignement des culs-de-basse-fosse, ces anciennes favorites envisagèrent probablement finir leurs jours ainsi, répudiées, délaissées, tandis qu'un vent teinté de malice et d'ironie monterait jusqu'à leur aile maudite chanter les roucoulades de phénomènes splendidement fleur et à la fois sordidement chair.

Et ce fut le cas : contours aromatiques dont les regards éthérés disaient l'inéluctable attrait de boutures végétales greffées de leur complément sauvage. Un plein navire était en route, chargé d'îliennes provenant de contrées si éloignées qu'il avait même fallu truquer l'échéancier afin de pouvoir s'y rendre et en revenir en

temps voulu, convois exceptionnels à associer avec l'ortie, le chiendent, parfois le cypripède ou l'oncidie comme le calcéolaire pour des essais gardés dans les coutils du prince.

Elles allaient débarquer, les étages en seraient pleins, et de leur alchimie en longs et lents méfaits gardés avec leurs similaires nées au sud de l'Afrique, il en monterait cette sale odeur de décomposition florale provenant de vallées que nul n'aurait su situer sur un atlas mais pour lesquelles quelques tulipes de couleur noire avaient été déjà, de nuit, transportées de vase en vase, dont s'espéraient évidemment des croisements stupéfiants. Cette ingéniosité aurait à supplanter les toutes premières germinations des affluents de l'Irrawaddy ou du Bakong. Alors ces partiellement humaines seraient mixées à de l'éphémère à ailes coudées tout comme le serait aussi ce prototype d'étranges Aléoutiennes dont la plupart devaient batailler, se tordre, se voler les jarres de riz mises à disposition, uriner dans des seaux tout en tentant d'apprendre la langue de la voisine pour quelque confraternité née de l'obscénité de cales qui les emmenaient vers les laboratoires d'Ayudrayapura en prenant soin de ne pas inscrire de nom sur les travées. On faisait croire à du coco ou du colza, ballots récupérés montés de nuit par des sentiers très escarpés. Certains des transporteurs glissaient ; des précipices s'ouvraient, les mules hennissaient de peur et dévissaient parfois avec leur lot de prématurées ayant dû

macérer des semaines au fond d'un sac et terminant ainsi, accrochées à une branche, que nul n'irait repêcher au-dessus d'une gorge où se fracassaient des cataractes invraisemblables.

Durant les quelques mois d'une frénésie amenant ces éléments à finition et à fermentation, toute la population imagina qu'avec ces inventions le dominion allait devenir une fantastique destination. On tasserait le sol, creuserait et construirait, bétonnerait çà et là, ferait naître des commerces, des hôtels, tracerait de grandes avenues.

Soucieux de la bonne entente avec son peuple, le prince affichait maintenant tous les matins le compte rendu de ses expériences pour le mettre en relation avec ce que l'on savait de précis d'autres endroits du monde, donnait son sentiment sur des travaux qui, à ce stade, ne se servaient plus seulement d'une rognure d'ongle ou d'un soupçon de salive.

De même qu'au siècle précédent les tout premiers avions n'avaient d'abord été que de pauvres tiges de fer à toile huilée, toute l'alchimie fille-fleur allait en évoluant et s'affinant. Il existait maintenant une longue courroie reliant plusieurs passerelles comme il s'en utilise pour le minerai, et les familles qui postulaient à cet enrichissement venaient y déposer avec beaucoup d'égards la plus probante de leur progéniture la moins achevée. Lorsque ces ascendants quittaient les lieux, on les voyait heureux d'avoir reçu le petit bracelet disant le jour et l'heure du

prélèvement. Il ne s'agissait plus d'une incision souvent sans conséquence mais de pratiques quasi définitives, ainsi, devant le palais, venaient s'aligner les spécimens les plus achevés de ce qui n'était encore ni fleur ni fille mais quelque part assimilable aux deux. Sur une estrade où rosissaient au lever du jour plusieurs centaines de ces ponctions de chair vive dont on gardait les plus probantes, il se pouvait que certaines des pudibondes essences refusassent qu'on attentât à leur intégrité et préférassent rester avec seulement une très partielle exfoliation de leur épiderme mise à l'écart sous forme de squames ou de particules teintées de pâquerette et expansées en renonculacée.

Le prince allait rarement à des présentations qu'il jugeait fastidieuses, intéressé seulement par le résultat qui quelquefois échouait, certes, mais qui dans tous les cas, multiplié et multiflore, était une expérience considérable.

Un jour qu'une fois encore il s'était convaincu de se rendre à l'inspection de toutes ces rangées de calices et d'étamines, pourquoi avait-il eu l'idée d'agrémenter cette assommante obligation par quelque chose de distrayant ? Dans son enfance il avait lu un conte : une fille glissait son pied dans une sandale de verre. Il trouvait ça charmant, se dit qu'il fallait bien quelque cérémonial s'en approchant, inventer un chausson et faire s'y

enfiler les deux ou trois centaines de paires de pieds qui défilaient ici chaque jour.

Un cristallier réalisa l'objet dans une verrerie si lumineuse qu'elle étincelait. Le prince, sous un grand dais à fleurs, le dos rejeté sur le dossier d'un trône à la mesure de son prestige, tenait à la main un sceptre en forme de vase, était coiffé d'une tiare faisant penser à un narcisse, et il suivait des yeux les délicates qui, une à une, penchées, venaient essayer le chausson.

Deux rangées de gardes vêtus de pourpoints lilas avaient à endiguer les tentatives décevantes en écartant ce qui ne convenait pas, désignaient aux perdantes les différents fourgons qui attendaient sous un soleil de plomb et bien évidemment se remplissaient de celles qui clopinaient, refoulées. Tant de mollets identiques, tant de chevilles inutiles, se disait le prince. Tout cela le lassait. Doutant de ce simulacre il fit signe à ses gens et en houspilla un. Autant de valets avaient à le décharger du moindre effort quand au contraire ils le laissaient à des supputations sur des dizaines de postulantes certainement similaires ne cessant de gesticuler entre les longues barrières en pain d'épice !

Sur le point d'en faire part, il stoppa net. C'est que venait d'apparaître une enfant si parfaite que les autres lui en parurent tout à fait superflues, qui pour leur plus grande part tremblaient, sujettes aux mille pensées contradictoires d'un essayage se rapportant aux fleurs, certes, mais également à ce qu'elles en devinaient d'un

risque ornemental sur le métier duquel les chimistes d'État étaient à l'œuvre. Autant de tergiversations décourageaient le prince. Qu'un nez fût moins habile ou qu'une des expérimentées se tienne maladroitement en affichant certaine disgrâce le rendait fou, c'était du temps perdu.

Comment était celle-ci, dont on lui soumettait la fiche ? Elle essaya le chausson, et curieusement il apparut que sa cheville avait été conçue exactement pour l'attribut de cristal, que les doigts adorables, petits, mignons comme ils doivent l'être, comme les bourgeons de la rose doivent l'être, mauves et fripés d'avoir frotté le râpeux du sol en venant ici, montraient à leur extrémité un ongle bistre et nuancé.

Le prince s'était relevé et s'appuyait au trône, cherchait à admirer de plus près, et pourquoi pas féliciter celle-ci de son excellence et de sa délicatesse, se disant *in petto* n'avoir jamais songé en rencontrer de pareille.

Quel était son prénom ? Yacinae. Il se le fit redire et répéter, le lut et la regarda. Cela venait-il de jacinthe, ces tiges nappant les fleuves en un magma troublant ?

Il la fit approcher, saisit le pied de saindoux et le baisa en concluant qu'il fallait renvoyer les autres, puis la pria de s'asseoir sur un second trône tout à fait similaire au sien, plus petit, un quart de trône qu'on apporta diligemment.

La foule comprit. Le monarque semblait ne plus savoir où il était, qui venait de laisser tomber à terre les deux ou trois feuillets de son magistral discours. Dans un éblouissement il vit cette agaçante remettre en cause ses recherches, car n'était-elle conçue de façon naturelle, ce qui voulait dire venue au monde sans artifice, née par un procédé rendant ses expériences oiseuses, ses tentatives anecdotiques ?

La procession fut sur-le-champ stoppée et l'on cessa de faire défiler des inconnues étant depuis des heures à patienter, suivies du regard par quelques évaluateurs sollicitant leur bonne tenue, certaines soudainement prises d'une folle envie de se soulager, qui ne le pouvaient devant ces messieurs, se déchaussaient ou se rechaussaient pour se donner contenance en ne sachant pas si elles devaient rester, quitter les lieux.

On valida cette date et la grava au frontispice des bâtiments. Tandis que nul ne savait où la promise avait pu être emmenée, on vit fleurir de grands fanions aux armes de la cité. Ils tenaient sur des socles. En l'honneur de Yacinae, l'image utilisée représentait deux mottes errant sur l'eau. De temps à autre un mât chocolaté tombait, que des souillons venaient ramasser. Cette parodie sucrée leur maculait le visage, alors des gardes à cheval tentaient de les disperser, frappaient les quelques-unes subodorant que Yacinae mettrait un terme aux poten-

tielles idylles princières ouvertes en théorie à toutes, et le prénom honni passa de bouche en bouche.

Pour calmer ces errements, on distribua des confitures. Ne pouvant laisser les citadins se sustenter sans solution pérenne et fantasmer sur cette union possible, on renouvela et ensevelit d'autres carrefours sous d'autres tonnes de sucre. Comme la pluie tombait peu, ces succulences durèrent, durèrent… puis s'assagirent le temps que les choses se tassent.

Il l'épouserait. Dans le monde réel le choix serait contestable, mais pas ici, où la religion du chocolat et du nacré donnait suprématie à tout ce qui était beau, plaisait aux yeux.

Sur le terrain des épousailles, Yacinae ne manifesta aucune réponse définitive mais concéda au prince, puisqu'il trouvait ses cheveux folâtres, qu'il utilise le bleu de ses yeux pour l'essaimer en des clochettes mauvetées. Puis on changea son nom, la fit parente de la glycine. De cet instant la cour dut la saluer ainsi : Glycinea. Dans le langage des fleurs ce mot signifiait tendresse, c'était courtois, précieux, son bleu-violet disait : « J'aspire à vos désirs. »

On installa la distinguée dans une des ailes les plus spacieuses, loin des suivantes et loin des concubines. Aimait-elle les bijoux, les toilettes ? On fit tailler pour elle et coudre à son usage des quantités de pétales. Il

s'agissait de tulipes, car certainement leur chair est ferme et il s'avère possible de les entrelacer.

Bientôt Glycinea se promena à travers tout le château dans des robes ravissantes. Les chambellans eux-mêmes commençaient à comprendre les égarements du cœur de leur seigneur et maître. Épouse-t-on une glycine ? Non loin d'Ayudrayapura, il existait toujours des totalitarismes ouverts à ces pratiques, solution admissible que la nature prenait parfois en compte. Il y faudrait beaucoup de patience, Glycinea n'était-elle pas exactement l'inverse ou l'opposé d'une fleur, d'une femme ? En ruminant la complexion de sa complexité le prince se gardait bien d'imaginer la modifier trop tôt. Voulant qu'elle sache sa détermination réelle et à la fois ne se méprenne pas sur l'authenticité du sentiment qu'il lui portait, il crut très judicieux de l'intéresser à ce qu'il sélectionnait déjà de prématuré et d'officiel, lui proposa de présider l'exhibition prévue à cet effet, où seraient conviés des plénipotentiaires et des savants du monde entier.

Vaste parterre, orphéon et gants blancs, fifres, flûtiaux et cors. Quelques avions se poseraient pour déverser des négociants fumant cigare et des entrepreneurs intéressés à l'inventivité d'Ayudrayapura. Censés ne rester que la moitié de l'après-midi, ils allaient voir Glycinea, qui avait rang secondaire mais représentatif ainsi que l'avait eu un temps, à quelques marches hima-

layennes plus loin, une innocente divinité que l'on appelait la Kumari et que l'on relâchait au premier sang, puis que tout le monde oubliait.

Glycinea ne risquait rien de semblable. Bien que désormais aucune des impétrantes ne fût en mesure de refuser une ablation ou un croisement quelconque, elle, d'un air supérieur, rejetait absolument l'idée que quiconque prélevât sur sa personne une once de quoi que ce soit. Qu'aurait-elle eu besoin des attributs d'une fleur ? Et elle se courrouçait, froissait sa robe tulipe, s'éloignait par les salles où les talons de ses deux chaussons – qu'il avait fallu faire sur le modèle du tout premier – résonnaient sur trois notes : *fa*, *si*, *la* ; *fa*, *si la*…

Facile à ? Pas tant que ça. D'elle naissait cette musique que tous les courtisans, acquis pour l'essentiel à cette demi-portion et sincèrement touchés qu'elle fût si étonnante, guettaient avec admiration en la voyant passer des heures en solitude d'origami, l'art des papiers pliés. Oui, une artiste, et chacun ébahi qu'elle eût refusé de faire don au prince de la plus infime partie d'elle-même, allant jusqu'à se méfier d'assoupissements suspects qui signifiaient des sucreries percées d'un indécelable trou par où le sédatif… Sommeil durant lequel, par incision comme il s'en pratiquait maintenant régulièrement, elle aurait découvert qu'on l'avait ponctionnée, ne saurait quel bout d'organe aurait été changé pour une grossière imitation en amandine plâtrée ou en chocolat blanc.

Certaines étaient alors rendues à leur famille en claudiquant, s'en retournaient bientôt avec un os en moins, une épaule en nougat, un pied qui pouvait fondre durant les grandes chaleurs... et pourquoi pas de grands yeux où à la place de la pupille était un bigarreau confit, une pâte de fruit ?

Au jour de la manifestation, Glycinea, assise sur un des trônes floraux de même modèle que celui du prince mais en plus petit, était censée lever la main pour que les coups de cymbale donnent le départ de la festivité. Face à elle s'avançaient les tout premiers curieux. Une femme munie d'un appareil photo, puis un homme chauve accompagné d'un petit garçon. Ici, ils étaient ternes et gris, les petits garçons, donc elle écarquilla les yeux sur celui-ci, attendrissant, venu certainement d'une terre prodigue et qui portait au cou un pendentif. Elle le vit s'approcher. Peut-être était-il blond ? Il avait les joues roses. En fait, remarqua-t-elle, il affichait un air si ordonné dans sa manière de tenir ses mains posées à plat sur un carnet noir à reliure qu'elle ne remarqua qu'après l'homme installé à ses côtés, probablement son père, qui regardait autour de lui en se grattant le crâne. Le fils, lui, n'avait eu d'yeux que pour la nacelle princière posée au-dessus des alignements de boutures. Elle pouvait faire penser, avec ses nœuds de flanelle, ses rubans mauves, à une tonnelle en jouet où se tenait magnifiée, au centre, sous une ombrelle brandie par des gibbons à favoris et en

livrée, celle qu'il avait pris de loin pour une jeune déité qui semblait s'ennuyer. Comme c'est beau ! s'était-il dit en détaillant la si jolie personne. En contrebas, toutes les délégations se déployaient pour aller voir de près les emboîtages mi-filles mi-fleurs qu'on leur avait vantés et dont peut-être certains, sur catalogue, étaient à réserver.

Au milieu d'eux, le petit dont nous parlons, qui se nommait Filius, venait d'un fjord où en hiver le soir tombait au beau milieu de la matinée. Là, ses yeux fatiguaient. Son père avait payé le billet fort cher. S'il voyageait encore c'était afin de donner sa chance à cet enfant très éveillé. Filius savait écrire, marquait ses impressions sur un calepin et n'omettait certainement pas de lever les yeux, actuellement, vers celle qu'il admirait déjà sans la connaître. Le père comprenait cela, il offrait à son fils ce qu'il avait connu lui-même du temps où les lointains avaient un sens. Pour lui, cet incroyable domaine serait le dernier, il terminerait par une contrée à peu près vierge cette expérience si curieusement innovatrice en compagnie de son fils, le dirigeant avec réserve vers les parterres de fantastiques fleurettes greffées qui s'alignaient sous les tentures, elles et leurs étiquettes. Ce globe-trotter de père y devinait une science nouvelle et le bien-fondé d'un potentiel inexploité : après l'ère du bonsaï, des arbres nains et de l'élagage d'espèces pluricentenaires, ce serait la mixité fille-fleur, émondée, ouvragée, qui certainement instituerait l'ornemental des siècles à venir.

Filius semblait ravi, heureux bien plus encore que ne l'étaient les arrivistes flairant par là quelque négoce. On le découvrait curieux, qui semblait n'observer que le dais orné de pétales. On le bousculait, alors il résistait, se frayait un chemin entre les financiers et les boursicoteurs sommés de faire la queue pour mesurer l'avenir économique de ce qu'on avait sélectionné pour eux, où quelques-uns, choqués de manipulations qu'ils ne pouvaient nommer ni rattacher à rien, s'attardaient néanmoins sans s'inquiéter de quelque compost d'où émanait le parfum de résédas rétifs écartelés dans des postures à la limite du raisonnable. Une fille n'aurait jamais fait ça, jamais osé. Les effluves entêtants et les senteurs acides se partageaient les sentiments contraires. Était-ce divin, profane ? Filius se retrouva au bas de la véranda, cette cloche agrémentée de rose, de mauve, vit la nacelle et découvrit Glycinea qui le regardait avec un dédain enfantin, gantée, coiffée. Il sut que ce serait ainsi, lui l'écrivain de neuf ans vivait ici l'instant le plus élevé de tous les futurs qu'il serait appelé à vivre. Il avait lu beaucoup, compris, malgré son tout jeune âge, que rien n'était jamais conçu sinon par mise en perspective d'un sentiment de cette sorte, qui en réalité, rêvé, n'aurait pas de conclusion. Puis remarqua le prince régnant lorgnant à la lunette les congressistes qui étudiaient ce que tous les jardiniers s'employaient à vanter, étaler, humecter, alors revint à elle, la fixa de

nouveau, n'ayant jamais croisé quiconque s'apparentant à une sagesse si héroïque, si proche, vaguement de sa taille.

On le pria d'avancer. Son père le houspillait, car dans leur dos d'autres poussaient pour aller faire des niches à l'un des coquelicots vaguement coiffés, tressés, ou concédaient une relation furtive à l'une des fanfreluches dentelées installées çà et là sur des tuteurs de réglisse noir.

— LE COMPLOT

La nuit était tombée. Ce soir-là, dans leur tourelle, aucune des femmes du gynécée ne put dormir. On leur avait décrit tout ce qui s'était passé, rappelé qui leur seigneur avait choisi d'élever au rang qu'aucune d'entre elles ne pourrait plus atteindre, que parallèlement une entente serait signée pour mieux finaliser l'incroyable commerce qui ferait oublier le reste. En revanche les petites boutures barbares crispantes et ingénieuses feraient fantasmer les provinciaux et les politiciens. Le reste serait obsolète, plus de femmes matures, le choix plutôt à faire dans l'échantillonnage de plants et d'associations carnées où l'adipeux parfum des choses sans âme – et pour autant déjà vaguement charnelles – leur monterait à la tête, à tous ces amateurs de beau qui n'imaginaient pas finir damnés par la chimie des végétaux.

Les surpassées ou dépassées se retrouvèrent pour en parler. Elles s'étaient fait porter par un circuit particulier le prototype de cryptogame envisagé. S'étant penchées sur l'indolente soudure qui vagissait à peine, et dont les pâles et inventives nervures semblaient appeler une sorte de câlinerie vermiculée, qu'y pouvaient-elles changer, sauraient-elles tuer dans l'œuf la potentialité d'un tel croisement, lui arracher les yeux, tondre son hérésie ? Était-ce des cheveux, d'ailleurs, ou de quel amalgame pouvait provenir cette onctuosité de pommade qui encadrait un teint parfait ?

Le prince détenait maintenant plus d'un millier de filles-fleurs qu'il dénommait plutôt ses enfants-fleurs, trouvant cela légitime car s'attribuant là-dedans quelque paternité. Il y avait en tout cas, on ne sait par quel processus de clonage, d'emboîtage ingénieux, bien plus de l'un que de l'autre, plus de cérébralité que de renoncules ombellifères. Par décision princière, celui qui s'adressait à ces fleurines hermaphrodites ou à ces végétaux humanoïdisés devait désormais leur appliquer le terme générique alliant le végétal à la nature vivante.

En prenant soin d'en tenir toujours Glycinea la première informée, le prince suivait de très près et faisait étiqueter, classer, cataloguer tous les types d'embryons que rapportaient sans s'en lasser ses dignitaires avant qu'ils ne repartent aux quatre coins du globe pour exercer leur rôle, priser, chiquer, mâchouiller les essences. Il

s'ensuivait des va-et-vient coûteux, le peuple allait demander des comptes, arguant qu'il y avait fourni l'indispensable en la matière de sa progéniture. Le nougat ne suffirait plus, ni distinctions ou autres breloques qu'on refuserait dès lors comme une humiliation. Il fallait davantage, tous désiraient un peu de modernité. À quoi aurait servi qu'on ait cureté à ces fragilités un élément vital s'il fallait maintenant les découvrir errant au long de la ville en clopinant, amoindries, estropiées ?

Le prince voulait le progrès. Il se demanda pourtant si le temps passé à l'achèvement de ses convolvulacées rimait à quoi que ce soit. S'était-il fourvoyé ? Mais comme beaucoup d'intelligence et de compétence avait été déjà mis en action, que faire ?

Émanant du Caucase ou de la vallée de l'Indus, arrivaient par légions et continuaient à être consignés en vue de leur utilisation les différents mélanges issus de contrées dangereuses d'où divers mandatés revenaient avec la fièvre, racontant leurs palabres et les péripéties relatives aux indigènes en général très réservés sur ces questions. Or désormais, disposés en plein air sur les gazons de la résidence, c'était dès l'aube des spécimens de *filletis amens* qui s'exfoliaient et mûrissaient. D'autres se préservaient de la lumière vive sous de longs voiles. Ces sensitives provenaient de corolles régulières, mais également de foliations à hampes ourlées, hybridations qu'on affublait de noms précieux avant de les associer à d'autres. Certaines de ces embryonnaires se protégeaient de leur

main à peine conçue comme si une abeille, un bourdon, eussent pu subrepticement se tromper et les sucer sans bien réaliser qu'elles n'avaient rien de commun avec ce qu'auraient cherché des insectes sociaux, ceux-ci qui s'en repartaient en vrombissant, décontenancés, croyant s'être trompés en découvrant de telles essences porteuses d'un ingrédient qui ne les concernait pas.

D'où les erreurs et interprétations propices à des révélations que le prince extrapolait, car s'il s'ennuyait, ce n'était jamais suffisamment pour ne pas se laisser aller à définir et à redéfinir ses amicales tortures dont la formule moléculaire se modifiait sans cesse. Des pois grimpeurs et des orties croisés avec d'insignes frottis que les laborantins d'Ayudrayapura joignaient aux amygdales d'une trapéziste gymnaste arrachée au lointain, un ficus à larges feuilles pour minuscules hermaphrodites en chardon nain que les phénoménologues du plus haut grade tentaient de réinsuffler dans le rang de la rectitude considérée chez eux comme orthodoxe pour le produit le plus académique, donc platiné, platine, parfois châtain ou clair, et à la suite d'autres de moindre prix qui néanmoins, afin de trouver preneur, se déclineraient en des nuances si harmonieusement proches que seul un œil expert les saurait distinguer. Et cependant il s'ennuyait, ce prince, se cherchait dans les miroirs et se regardait de profil, de face, ne cessait de penser à un absolutisme dans l'accession à ce qu'il nommait non

plus beauté ni fleur, mais artefact, voulant que sur-le-champ tout fût « artefacté », plié et empaqueté.

Qu'obtiendrait-il de mieux, de plus, quelle réussite ou finition ultime, à la fin que ferait-il ? Il en parlait à la fuyante Glycinea qui se permettait d'en rire : « Que ne vous intéressez-vous au quotidien et aux plaisirs, mon maître, vous qui possédez tout, sculptures, bassins, poissons et grues cendrées, pourquoi vous soucier du lendemain ! »

Car digresser et divaguer, s'interroger et interrompre, reprendre, cela était destiné à ceux n'ayant que l'ennui. Les plus copieusement riches n'auraient pas eu comme lui le pouvoir de concocter exhibition plus ample afin que nul n'ignore qu'autant de bienfaits provenaient d'Ayudrayapura, et qu'on étudierait ceux-ci plus tard en se demandant, après la roue, l'écrit, le bacille de Koch et l'électricité, s'ils n'étaient pas la découverte la plus ébouriffante du siècle ?

Et puis il s'effondrait, réalisait sa prétention, lui un mortel, de se croire l'égal de quoi ? Car il ne créait rien, n'avait encore, il fallait bien l'admettre, mené à achèvement aucune texture complète. Et que serait-elle, cette première parachevée, que lui apporterait-elle, car en réalité il savait bien maintenant n'en aimer qu'une, celle qui se refusait, mimait ses renoncements pour s'en aller dans les endroits de sa suite inaccessibles. Il serait patient, bien sûr, mais ne venait-il inutilement la débusquer dans

ses appartements pour y chercher la paix, l'entente ? Il ne se passait rien, elle ne s'approchait pas, installée qu'elle était parmi ses jeux de patience et les nectars qu'elle n'avait pas touchés, craignant qu'il ne la surveillât pour subitement à son réveil commettre ce qu'il promettait : la faire porter en salle de prélèvement afin de lui soutirer de quoi constituer une similaire à elle, acquise à l'attention d'un prince et qui ne refuserait pas ce qu'elle-même excluait.

Elle en était outrée, de cette insistance, comprenait bien ce qu'il endurait mais redoutait de finir comme les boiteuses qu'elle voyait de loin, de sa chambre tulipe, des niaises qui avaient accepté un bijou de pacotille pour se prêter à l'expérience de leurs entrailles servant à quoi ? Qui depuis lors n'étaient qu'un petit sac d'os à ne pas quitter des yeux, besace qu'on leur avait cousue sur elles, qui contenait leurs équilles et le rogné d'un cartilage. Atroce, se disait Glycinea en refermant sa croisée. Elle retournait s'étendre. Un jour, espérait-elle, un cataclysme viendrait détruire tout ça.

Le prince ne cédait pas, lui parlait de ses essais, disait soupeser l'une, évaluer l'autre, humecter une troisième avec son arrosoir à pommeau d'or, impressionné lui-même par sa placidité, son manque d'irritabilité, mais il en concluait que cela ne suffisait pas, qu'il voulait ces chimères vêtues et préparées afin de servir un jour à des cérémonies comme en donnaient d'autres États, milliers

de satins aux différentes couleurs qu'inversait la lumière en des figures géométriques ainsi que savaient le faire les mondes totalitaires : azalées en gymnastes, crassules équilibristes ponctuées de phanérogames dont on verrait les épidermes noués et dénoués suivant quelque chorégraphie particulière, de sorte que leur inflorescence se transformât en des panaches de minuscules fruits incarnats qui palpiteraient ! Mais cela ne suffisait pas, il s'ennuyait, se faisait apporter pour les peser de curieuses cosses qu'on aurait dites tombées d'un pois, pétunias, campanules, asters ou giroflées aux reflets chatoyants, alignées par boisseaux, tenues très à l'écart de toute clarté et dont aucune ne grandirait semblable.

Il eût surtout aimé qu'à ce moment-là l'ensemble de ces incohérences fasse peur à celle qu'il espérait impressionner, mais non, elle restait impassible, souriait d'un air mielleux. Il ne savait quoi dire, quelle mesure adopter. La punir ? Il retournait à l'étiquetage de ses encapsulées ou s'attardait à l'un ou l'autre de leurs semblants de berceaux mais ne voyait à la place que ce qu'il avait en tête : Glycinea, son regard distant gagné d'un bleu-violet qui à chaque fois était insupportable tandis qu'il repartait pour inspecter ces additifs qui finalement iraient finir en puanteur ou serviraient de déchets à la volée de choucas piquant de leur bec la pierre chocolatée de l'escalier trilobé.

Assailli par le doute, il repartait dans son harem de femmes réelles et opulentes, voire odoriférantes, pour y avoir le délassement qu'on doit à un monarque, essayait quelquefois d'y associer le visage de l'innocente et impavide Glycinea, tentait de l'assimiler, la fondre en lui, mais ne parvenait jamais à ce que l'imaginaire de son image efface ni supplantât les indécents parfums d'aisselles de possessions femelles plus aguerries.

Triste, esseulé, il avait quelquefois des confessions pénibles avec la seule qu'il espérait toujours séduire, Glycinea, cherchait dans sa mémoire comment il procédait avant, adolescent gâté que les bonnes manières de celles qu'il abordait amenaient alors à ne pas refuser le désir d'un prince. Se réservant pour son hypothétique Glycinea, il lui prenait la main, la faisait asseoir sur le grand lit fleuri. Il avait accepté, disait-il, de ne rien greffer sur elle ni d'attenter jamais à son charme initial. Aucun scalpel n'était intervenu. Là, elle l'interrompait :

« Pourquoi ne pas vous montrer plus raisonnable, attendre ?

– Mais non, répondait-il, car même quand tu évolueras, je chérirai toujours ce que tu as d'épique et d'indomptable. Les autres sont fades, car habituées à ne pas laisser filtrer ni transparaître leurs sentiments comme toi tu le fais. »

Il reprenait : « J'ai voulu cela, les fleurs, cru que c'était les amplifier de les vouloir charnelles, et me voilà avec toutes celles que sans le vouloir j'ai démembrées,

détruites. Je m'interroge : avoir commis cette faute, pire, touché à un milliard de fantaisies que la nature propose en l'éclatant dans les hannetons, les libellules, dans les rongeurs qui vont à leur labeur, dans les pies, dans les merles, dans toutes les différences que sont aussi les arbres et les brindilles et qui alors, chez une petite humaine comme toi, sont l'expression de toutes les perfections réunies en une seule. Or c'est cela, dans les autres, que j'ai gâché, tronqué, abîmé, découpé. »

Seul à nouveau, il regardait par sa croisée en amandine un paysage fait de céladon où des nuages pressés autant qu'indifférents rappelaient, par la hauteur de leur prestance, ce qu'il avait tenté d'une expérience faite d'arrogance et de vertueux principes malencontreusement compliqués. Il reportait son regard sur la dissipation de brumes qu'il ne connaissait pas et n'avait pas le souci de connaître. Tout n'était pas perdu, se disait-il, il s'éveillerait de ces vicissitudes et un matin l'ennui en serait chassé, il serait heureux.

Glycinea lui conseillait de patienter encore, et dans cet intervalle d'aller avec certaines des favorites dont il avait l'outrecuidance, dans l'angélisme qui était le sien, de narrer les performances. Or c'était plus souvent une triste indifférence qu'il dénotait pourtant dans celles qui se laissaient choisir par lui avec passivité. Glycinea riait. Elle avait le temps, se disait aussi que ce ne serait pas

avec lui, pas le prince. Il voulait bien sûr la saisir, la cajolait, lui volait un baiser. Elle riait. Pourquoi pas un berger, pensait-elle ? Un de ces petits êtres sots et gris comme la villégiature en comptait tant.

Sans savoir la nature de ce qu'elle n'avait pas dit, il s'écartait, distrait : « Oui, mon aimée, ta résistance à ce que tu refuses t'honore, te sert, t'anoblit davantage. »

Elle le savait, se détournait et s'emparait d'un fruit qu'elle prenait soin de ne pas croquer, simplement simulait, savait les émotions du prince lorsqu'il fixait ses enfantins modelés. Rien que la voir marcher, imaginer de tels agencements de souplesse ne lui laisser deviner qu'une infime proportion de leur malhonnêteté, ou lire sans la toucher l'imperturbable présence et la voir s'étirer, se cambrer, il se fâchait, s'interdisait pourtant d'user du droit inaliénable qu'il possédait sur tout, donc sur elle. Il comprenait que c'était sans solution, sinon retourner à son étage et à son alambic pour essayer d'atteindre à la bouture parfaite, copie de Glycinea qui elle, hybride, docile, disciplinée, n'aurait aucun moyen de se refuser à lui. Très tard, sachant l'objet de son attendrissement probablement couché, et peut-être endormi, il retombait dans la fascination de ses utopies et les voyait descendre sur les godets de la roue dentelée. Distrait, la tête ailleurs, il y notait ce qui tombait, s'entassait, frissonnait quelquefois en touchant le fond parmi les flaques de sécrétions sanguinolentes.

Il s'était endormi, se réveillait en espérant s'être trompé, savait le sortilège de ceux qui ne vivent que pour leur obsession, lord anglais sur une fleur, à inventer la rose inaccessible, sans héritage et sans lignée, la supposant perdue, la regardant périr. Dans l'espérance de n'être pas comme eux il repartait morigéner Glycinea en acceptant de se confronter à cette humiliation vivante qui, parfois conciliante, lui proposait l'aristoloche jaune vif qui voulait dire : « Je m'élève jusqu'à vous. »

Qu'aurait-il répondu : « Mon attente est tragique » ? Puis par l'arum jaune-vert : « Écoutez votre âme » ?

Pris de compassion, de tristesse prophétique, il retournait s'asseoir auprès de sa courtisane la plus zélée, nommée d'ailleurs Zélée, et lui demandait : « Dis-moi si ma vision du monde est cohérente ? »

Elle ne répondait pas, réprimait un soupir.

À cause de ce soupir, incapable d'attendre, le prince avait fait venir une dernière fois son chambellan : « Vois-tu, mes fleurs sont belles, elles sont toutes différentes, elles ont même la parole, un cœur, des ongles, des mains, elles rient, on peut entendre leurs cris, leurs jeux, mais pour mon bon plaisir il leur faut autre chose. »

Le susnommé ne manifesta encore aucune surprise, sachant la manière raffinée qu'avait son maître de générer autant de bienfaits dans un si petit pays, de sorte que l'on voyait maintenant de tous les coins du monde les amateurs venir visiter les serres où étaient alignées,

pas à pas, de parfaites abouties, dont certaines, trop pudiques, tentaient inutilement de préserver la nudité de leur adorable texture paradoxale sans parvenir à s'écarter vraiment d'une complexion chlorophyllienne et rabattaient alors sur elles quelque semblant de sépale en guise de protection, manifestant ce que la plus prodigue des quiddités aurait conçu elle-même d'une union hors nature que nul n'aurait été taxer de charnelle mais qui l'était.

Au bout d'un long silence, le responsable de ces expérimentations demanda tout de même : « Quel est donc ce détail, maître, qui leur manquerait ? »

Le prince avoua que cela portait le nom d'un sentiment si imprécis que les poètes l'avaient chanté sans qu'aucun d'eux parvienne à le définir vraiment. Il eut un vague sourire. Il voulait être aimé, avoua-t-il, ne se contenterait nullement d'un fragment végétal, il fallait davantage, pas de facéties gratuites, pas de ces baves d'escargot comme il en avait vu se produire en sécrétions filamenteuses laissées sur leur litière par quelques renoncules d'un genre particulier, dit-il en serrant le poing, car après tout, passer à autre chose, écrire un opéra, n'était-il pas capable d'une suite pour hortensia et violoncelle, d'un madrigal ? Là, il claqua sa porte en mandarine chocolatée, de sorte qu'un pan entier de l'aile tournée vers le levant se fendit, puis s'écroula dans un fracas funeste et odorant.

Pendant ce temps-là, habile comme si les risques

qu'elle devait prendre n'étaient qu'un jeu, Glycinea concevait sans en parler le moyen de quitter les lieux. Le prince était touchant, mais n'était-elle détenue ? Elle quitterait cette prison quand elle voudrait, en aurait terminé d'arpenter ces espaces aux soixante-dix salons, cesserait de supporter, au détour d'un couloir, les remarques de concubines, alors s'évaporerait et s'exclurait des cancanages et mises en cause.

Le palais s'endormait, patientait, se réveillait en attendant du prince une injonction quelconque, une posture, un édit. Non, rien. Ce genre d'atermoiement ayant fait croire au peuple que le dominion serait un jour célébré retombait comme une pâte molle. Constatait-on des résultats ? Que voyait-on ? Rien. De nouvelles déclarations reportaient chaque fois les perspectives envisagées depuis maintenant combien, un an, deux ? Où étaient-elles, ces réussites que la planète devait envier ? La déroute, le mensonge, et c'est certain que dans les coulisses les quelques responsables redoutaient d'avoir des comptes à rendre : erreurs, mauvais dosages, incohérence de délirants calculs.

Une sédition se préparait au sein même de la cour, la révolte couvait, qui prendrait d'abord forme parmi les hétaïres et les eunuques, la passion destructrice se propagerait alors, on ferait sortir les oubliées et les boiteuses, les estropiées et les ratées.

Glycinea, qui se livrait peu et qui avait pour seule

amie la pauvre foliation née d'une racine pantelante nommée Vivia mais malencontreusement interrompue à cause d'un court-circuit s'étant produit lors du croisement de sa germinée originelle et de gamètes reproductrices extirpées de Macassar, inquiète du soulèvement probable, parla avec le chambellan qu'elle convainquit de se joindre à elle et à Vivia en cas d'une éventuelle révolution de palais. Il la trouva très alarmée mais judicieuse. Lui-même avait parfois des sueurs froides en ne voyant pas la fin de ces assemblages. Pourtant des avancées certaines avaient vaguement permis de remplir un agenda d'hypothétiques magnats qui attendaient l'hybridation promise. Si elle ne venait pas, on leur donnerait en attendant des bouts de chair avariée, des restes, des approximations qui permettraient de les maintenir dans le doute. Le chambellan n'en pouvait plus, de ces risques émergents, il craignait pour sa vie, appréhendait les conséquences, lui le subalterne chargé de la chambre princière et de l'armoire princière, de la table de nuit princière, de l'écritoire princière et de ce que de telles fonctions prioritaires laissaient au bon vouloir de qui en héritait. Tenir l'ombrelle du prince, lui parler à l'oreille, n'entretenir celui-ci que de faits anodins et non de ce qui se tramait.

Le triste sire comprit qu'il suffisait d'un rien. Sans même savoir encore quel camp choisir, l'indétermination étant la sienne fut augmentée par l'éventualité très inconvenante que la pleine réalité de ce qu'il subtilisait

et envoyait déjà, par la poste du royaume, en s'assurant de précautions immenses, vers différents endroits du monde, soit éventée. Il s'agissait de mystérieux colis escamotés au reste du trésor, des caisses et des cartons bizarres où un œil attentif aurait décelé des orifices permettant au contenu de respirer, pour, sans encombre, aller jusqu'à destination.

Ne vérifiant que rarement le nombre des plans greffés, le prince ne pouvait pas se douter qu'on lui en soustrayait. Dès qu'un chardon operculé mâtiné d'autre chose avait pu prendre, enflait, à la fin était né, ceux chargés de l'expédier le transplantaient dans un terreau oxygéné caché au sein même du palais. Il semblait évident que pour un pareil négoce le chambellan avait dû faire alliance, stipendier et corrompre, voire menacer, en cas de soulèvement, si la chose s'ébruitait, de faire enfermer les intrigantes du gynécée, amères de la passion du prince pour cette Glycinea ne daignant jamais saluer, venir au hammam ni discourir de rien. Certaines imaginaient encore très judicieux de laisser la chose grandir, jugeaient que l'incongruité de préparations en éprouvette à ce point inacceptables provoquerait des révoltes et que des défilés iraient surgir dans tous les coins du globe, qu'il circulerait dès lors une telle réprobation que devrait cesser cette farce préjudiciable.

Les plus hardies se montrèrent, sortirent, s'affichèrent sur la place. On les calma, les fit rentrer dans

leurs sous-sols et tenta de les acheter, monnaya, menaça. Rien n'y fit. Il y eut des pendaisons et des exécutions. Ne voulant pas prendre le risque de s'enfuir précipitamment, se pensant protégée par toutes les attentions de ce qu'une promise peut désirer, Glycinea jugea plus raisonnable de patienter.

Mais l'était-elle encore, promise ? Elle y réfléchissait, surtout et davantage depuis un certain jour où dans le plus grand secret un de ses valets lui avait apporté un pli. C'était une grosse enveloppe qu'elle avait décachetée. Il s'agissait d'un livre. Qui le lui envoyait ? Glycinea y avait découvert une vue d'avion, deviné que l'auteur avait probablement survolé son pays.

Le jour où nuitamment elle décida enfin de quitter le palais en ayant convaincu le chambellan félon de passer par une galerie nouvellement étayée, aidée de cet homme âgé qui progressait péniblement en gardant attaché, sur le dos, le résidu qu'elle lui avait confié de Vivia, Glycinea pleurait. De grosses larmes qui gelaient immédiatement par ces températures si basses couvraient ses joues. Elle n'avait pas oublié le livre, marchait dans ses chaussons de feutrine, chargée d'une poche emplie de joyaux, améthystes et rubis ne valant pas grand-chose au cœur d'Ayudrayapura, mais dont elle supposait qu'ils posséderaient ailleurs une grande valeur.

Ils allaient voir la neige, elle aurait froid. Incapable

d'exécuter un tel trajet sans aide, elle s'était décidée pour l'assistance de ce servant perfide, chambellan déloyal qui reniait là une vie entière.

Tout en suivant le sentier boueux sur une arête à flanc d'ardoise, Glycinea regrettait un peu la gentillesse du prince, ses égarements, elle qui avait fini par tolérer toutes ses erreurs, et de telles pensées la travaillaient tandis qu'elle avançait vers le versant de monts qu'il lui fallait gravir, contourner puis descendre, cassures abruptes où elle ouvrait les yeux sur un ciel sombre que survolaient des aigles.

Le prévaricateur à crâne osseux et à cheveux clairsemés la précédait au long des éboulis. Malgré ses yeux brûlés au cours du châtiment ayant suivi la découverte de son ignominieux trafic, il parvenait tout de même à se diriger, disait par où aller, suivre d'abord la longue chaîne montagneuse avant de la dépasser par une coulée qu'il connaissait du temps de ses administrations.

Aidée de quelques porteurs, Glycinea et lui cheminaient de façon précautionneuse. Nul ne parlait. Bientôt les débardeurs qui les aidaient disparaissaient les uns après les autres à la faveur d'un pan de brouillard, craintifs d'un tel voyage non préparé, dont quelques-uns tentaient de rejoindre le pauvre cabanon où une famille les attendait devant du lait caillé. Parfois Glycinea savait d'instinct la configuration de panoramas qu'elle assimilait aisément, et ainsi, depuis deux jours, la viande finie,

l'eau bue, de plus en plus en ressentant le froid, la petite troupe cheminait, progressait.

Pour obtenir un peu de chaleur, Glycinea dormait contre le vieil homme arbitre des inepties d'Ayudraya-pura, ce pauvre hère qui très probablement ne verrait jamais la suite, mourrait avant. On allait ventre creux, et même si une colchique se présentait, Glycinea s'en détournait, car celle-ci n'était-elle, presque, se disait-elle, une parente éloignée de Vivia, et de fil en aiguille revenait à son amie, car sans l'amour du prince elle-même n'eût-elle été modelée, associée à une tige, doublée d'un follicule ? Son corps n'eût-il servi à fusionner d'autres formules que par solidarité elle se souvenait avoir été parfois visiter de nuit, se rendant religieusement dans les sous-sols maudits quand les préparations venaient à maturation, quelquefois leur parlant, à ces atrocités ?

Pour se nourrir, elle essaya les nids.

Les œufs qu'elle rencontrait étaient de taille colossale et d'une coquille si dure qu'elle n'avait pas osé, pas pu, de ses deux mains à moitié gelées trouver la force de les ouvrir ni de les fendre.

Elle avait faim, ne se plaignait pas. Au bout de la troisième nuit, à l'aube, ce que la troupe aperçut très loin dans un vent de neige, tout au-dessous d'elle, était un lac. Le vieillard affirma que celui-ci communiquait

avec la fameuse plaine indo-gangique au rapprochement de laquelle, longtemps avant, il avait travaillé en y lançant la route abandonnée. Ils y trouvèrent des barques. L'une d'elles les dirigea de passe en passe, atteignit l'autre rive. Une ville s'y édifiait. Le dernier des porteurs avait fini par s'éclipser durant la folle descente. Ici, il serait question de se faire discret, on aurait à se cacher, se perdre dans une cohue coiffée de bonnets de lama et constituée d'hommes blets à petits yeux. De là, une ville flottante. Glycinea pensa à celle d'où elle venait, eut un instant le visage de Son Altesse en tête en s'inquiétant de poursuites encore possibles de la part d'un tel empire qui envoyait ses sbires par-delà les frontières pour en ramener les opposants à ce qui avait été la tyrannie de l'amande et du beignet ! Et à ce moment elle avisa un joueur de flûte, donc décida de le suivre. Le chambellan apprécia, car avec ce bateleur qui savait les najas, la magie, il serait possible de subsister. Glycinea s'accoutumerait à ces reptiles, aiderait sur les marchés, les foires. Ce qu'elle crut bon, surtout, fut de s'endormir chaque soir en prenant soin d'avoir contre elle ce qu'il lui restait du livre, le poser sous sa nuque, qu'on ne le lui volât pas durant le sommeil. L'ancien exécuteur du ministère d'Ayudrayapura avait pour rôle de s'occuper de Vivia et des pansements de Vivia, cette pousse qui s'inquiétait de savoir où on l'emmenait, comment, pourquoi la nuit, ou si quelqu'un pouvait la sustenter avec un peu de rosée, l'humidifier, arroser le sac ?

— DANS UN PAYS DU NORD

Une grande jeune fille entrait dans un commerce pour y acheter des timbres. Au-dessus de la caisse une minuscule télévision restait allumée, car dans ce pays très sombre où il neigeait près de la moitié de l'année, peu de distractions agrémentaient la morne occupation des habitants, sinon les jeux où le plus souvent des hommes tentaient leur chance, et la grande roue tournait.

Là, l'homme que l'on voyait venait de concourir et recevait un kilo de sucre. Glycinea prit sa pochette de timbres, paya, et quelque chose lui fit très mal dans la poitrine. C'était ce souvenir : le sucre. Tout son passé de petite divinisée dans une contrée himalayenne lui revint en tête. Elle avait eu du mal à l'occulter, ne gardant dans sa soupente, caché, que ce qui restait du témoignage infect mais indéniable de ces années. Elle revoyait les cimes, les boutures étalées, ce jeune garçon venu d'ailleurs qui lui aussi avait paru impressionné. Comme c'était loin. Et que n'avait-elle pris la fuite avec ces visiteurs, rejeté sa tiare, sauté parmi les alignements de tuteurs en se faufilant pour rattraper une flotte de dirigeables inconcevable en ce temps-là pour l'ignorante recluse de ces salons de gaufrette et d'amandine ? Or qu'était-il devenu, l'enfant avec lequel un regard avait été si brièvement et si gentiment échangé ?

Le jeu télévisé fini, elle vit sur cet écran une chose presque impensable : la jaquette de ce livre, celui qu'elle avait reçu dans son royaume et que malgré les conditions épouvantables et l'échappée rocambolesque elle était parvenue à conserver, tout au moins en partie, car il avait fallu se battre contre les vents et les tempêtes, le gel et les morsures, le froid. Il n'en restait que quelques cahiers lisibles et la couverture démantelée qu'elle chérissait comme la seule trace plausible de ce souvenir.

Comme dehors il neigeait, qu'elle n'avait rien à faire, s'écartant du comptoir elle se contenta de suivre le commentaire où l'homme au front très large et au regard expressif avait l'air de répondre sur un passage du texte. Elle n'entendait pas le son. L'homme désignait une page comme s'il la lisait, et là il s'arrêta, se releva brusquement, mit fin à l'entretien et l'image se brouilla.

Elle n'avait pas compris, s'approcha du caissier qui comptabilisait son peu de monnaie. Il répondit sans l'écouter, distrait : « Non, mademoiselle, je ne connais pas cet écrivain et ne désire pas le connaître, je travaille, voyez-vous, pas comme ceux-là qui vont et viennent en ne gagnant pas leur vie à la sueur de leur front. »

Dans la chambrette qu'elle partageait avec Vivia elle timbrait toutes les lettres qu'elle envoyait partout pour des publicités lui rapportant à peine de quoi payer le logement.

Glycinea avait maintenant vendu tous ses bijoux et ne savait pas si son amie passerait l'hiver. Vivia, une enfant-fleur, et de surcroît ratée ! Peu habituée à un pays où chaque matin les gens se rendaient à leur travail, Glycinea aurait bien sûr pu évoquer ce dont elle se souvenait, mais cela intéresserait qui donc, dans cette grisaille continuellement peinée de manque de soleil ?

À la quête d'un emploi, elle s'arrêtait parfois devant les enseignes d'une officine dédiée aux pauvres. Entrerait-elle ? Comme sa vie était simple à l'heure du chocolat et des gâteries. Oui, le mot paradis avait alors appartenu à ce qu'elle avait connu, et même si la partialité ou les abus y régnaient tant, elle s'en souvenait parfois avec délice.

À côté d'elle, au sol de la cuisine qui faisait aussi salle d'eau, était une jarre. Elle n'osait la regarder, sachant y respirer ce qui restait de Vivia. Deux jours plus tôt, lorsque Glycinea avait ouvert, une sale odeur de terre emplissait la chambrette, et elle comprit que celle qui y restait cachée, croisement d'une graminée et d'autre chose mi-animé mi-plante avec quoi elle passait ses nuits à jouer de deux ou trois gommettes volées dans les supermarchés, se détériorait, flottant dans le vase où se devinait déjà toute une espèce de faune protozoaire tournant autour de ses membranes.

Finirait-elle ainsi, elle qui méritait mieux que cette douloureuse année passée sous la houlette du chambel-

lan infâme la traînant de place en place pour y vanter son exception morphologique ?

Il y avait les femmes-loups, les hommes-singes, les entités hideuses et révoltantes que les autorités de cette république démocratique se résignaient à ne pas investiguer, préférant ignorer de quoi et à la suite de quel manquement ou erreur de dosage elles avaient pris naissance. Cela se déroulait la nuit, dans la boue, nul n'irait creuser ça ou y mettre son nez hormis les détraqués qui quelquefois, engoncés dans une veste, visage dissimulé, venaient s'enquérir d'un tronc humain qu'on nourrissait à la cuillère, d'un rat à tête de truie, de siamois à six mains. C'était à l'extérieur des palissades, la nuit, dans des chantiers abandonnés où quelques caravanes sans roues abritaient ces horreurs, ces êtres dysmorphiques que pour une poignée de couronnes on avait le droit de toucher, retourner dans leur jus, allant ensuite interroger plus loin, très secrètement, les autres atypies de cette descente effroyable et chaque fois sale davantage, car ces errants s'émerveillaient de cauchemars graveleux et laids, en désiraient encore, cherchaient ces abominations en s'inquiétant d'avoir peut-être raté la pire sans l'avoir su.

Il fallait dépasser, chuchoter, payer en quelques fientes, et le vieillard qui partageait la vie de Glycinea et traînait son compost avait compris comment faire fructifier la monstruosité nommée Vivia en l'exhibant. Glycinea allait sur les marché voler des œufs, du pain,

surtout du matériel électronique, des piles, tout ce qu'il fallait pour amasser de quoi constituer un éclairage afin de valoriser Vivia sous les néons d'une arrière-salle où seraient montés quelques rideaux de théâtre pour une arène de quelques sièges.

Glycinea n'admettait pas, vivait dans l'illusion d'une Vivia mieux soignée. Des gargouillis et quelques bulles nauséabondes montaient à la surface du liquide amniotique – *alcali volatil* – quand quelquefois un inconnu venait caresser cette plaie dans une obscurité où s'irisaient les adipeuses vaguelettes comme si Vivia allait s'extraire du monstrueux bubon, parler, gober une goulée d'air comme l'aurait fait un enfant-phoque. Ce bout d'échantillon humain que Glycinea gardait ainsi près d'elle rappelait ce qu'il en avait été de l'effroyable sous-sol d'Ayudrayapura. Dans une odeur acide, la fade et molle méduse à peine vivante retombait comme une poignée de saleté et de rognures d'ongles. Ceux qui passaient la visiter laissaient dans la soucoupe de quoi la sustenter jusqu'à nouvelle mise en lumière de ce que le vieillard à cheveux filasse, coiffé de son couvre-chef en cône avait, tel un bonimenteur, nommé « racine vivante », peignant lui-même le calicot qu'il déroulait nocturnement dans les lieux prohibés.

Et l'on rentrait du terrain vague par des chantiers semés de flaques d'eau, d'urine, de ruines où se dressait parfois un mécréant hirsute qu'il fallait éviter, né du monde interlope mais perdurant au sein d'une

société ne sachant même plus les exceptions ni les rejetés.

Ce soir-là, Vivia, cette enfant-fleur qui n'était plus ni fleur ni rien, avait pris froid. On ne la changeait jamais, ne la transvasait jamais. Elle frissonnait, souffrait de gerçures. Glycinea allait chercher des poudres pour éviter les parasites. Son tortionnaire, qui ne l'aurait pas cédée à qui que ce fût, l'avait sortie de son eau, tentait de l'améliorer, la secouait, en étalait les pédoncules et les pousses cryptogames. Parfois lui donnait le fouet, cruel, incontrôlable, mais sous les insistances de Glycinea avait fini par accepter qu'on se rende en bord de mer l'oxygéner. Une plage de sable gris où la malade avait été baignée comme on l'eût fait pour une infirme. On lui avait passé sa tenue de raphia et elle se trémoussait, indigne, obscène, à ce point que son tourmenteur s'était interrogé sur la nature des impulsions qui l'assaillaient, les mêmes que celles qu'il ressentait envers Glycinea quand cette dernière le devinait qui à tâtons, de nuit, venait vers sa couche, le laissait faire en se rappelant qu'il avait eu un jour les pleins pouvoirs et qu'elle lui devait la vie, cette pauvre vie l'ayant amenée à contourner autant de montagnes et de lacs jusqu'à un défilé rocheux dont elle n'avait ensuite jamais retrouvé la trace.

Alors un simple sandwich, le lendemain un hôtel. La vie des vagabonds et des gitans, comédiens habitués aux cagibis obscurs et aux propos indignes. Puis l'hiver

effroyable où il fallut absolument trouver quelque chaleur pour éveiller Vivia, qu'on devinait s'étioler, ses doigts et ses oreilles sur le point de se détacher, ses deux yeux en amande paraissant implorer : qu'on l'achève, qu'on la noie, elle et la sale odeur de foin qui sous ces latitudes glaciales la travaillait, la pourrissait.

Glycinea la raisonnait, lui montrait un miroir, disait qu'elle était belle, que les gens payaient rien que pour la voir. Un florin ! geignait-elle. Mais c'était ça, et la petite troupe maussade repartait dans la nuit, en train, en couchette troisième classe pour Ostreïkurdam.

Glycinea avait maintenant devant elle un tas d'enveloppes qu'elle destinait à des libraires qui connaissaient peut-être l'ouvrage qu'on lui avait un jour posté, venait d'en terminer et d'en cacheter certaines.

Ce serait la dernière fois. Elle était lasse, n'ayant jamais de réponse. Cette ville était lugubre. Bien qu'elle sentît parfois mauvais, elle aussi, de n'avoir ni douche ni rien et de trop rarement prendre un bain du fait de l'impotent vieillard qui la regardait se soigner ou se dévêtir, lorsqu'elle allait interroger l'une de ces officines, mal à l'aise, insistante, les commerçants se détournaient de son attitude gentille et répondaient que non, rien du tout, ils n'avaient pas vu ce livre, ne le reconnaissaient pas.

Durant sa fuite, bien des années plus tôt, lors de la traversée de tous les glaciers, Glycinea n'avait pas pu

lutter contre ce qui s'envolait des deux ou trois vingtaines de pages tourbillonnant et de la reliure perdue, n'en avait rapporté que ce qu'il restait, et c'était ce qu'elle montrait, de place en place usée et fatiguée de supporter la débonnaire curiosité de commerçants dont elle ne savait pas la langue. Elle s'en arrangeait simplement, retrouvait ensuite la malveillance de celui que des années avant, pour félonie, on avait mutilé, qui de son côté pensait aussi parfois à ce que contait ce roman citant probablement une manifestation que lui-même avait organisée avec bannières et gonfalons.

Puis on l'avait rangé, ce livre. Il n'intéresserait plus Glycinea qui se souciait plutôt de perdurer au fil d'un quotidien où seuls le nécessaire, les pensées positives... Toutes ces idées la tenaient avec l'espoir que par manque de forces irait enfin périr le chambellan.

Elle se disait tout ça quand les réverbères s'allumaient et qu'elle ouvrait la porte de leur taudis en espérant y découvrir le vieil homme agonisant, se voyait le pousser du pied, jeter sa dépouille au coin d'une rue avant de revenir vider le seau de Vivia dans une cuvette qu'elle s'empresserait de faire disparaître au fond de la nuit, songeait alors à s'aller perdre vers le grand fleuve.

Ce jour advint comme elle l'imaginait, et lorsqu'elle découvrit le crâne odieux coincé au bas de l'évier, l'homme était mort, bien mort. De ses narines du fiel avait coulé et s'étalait au sol, gluant, mêlé au sang.

S'était-il débattu ? Parfois la mort elle-même vient emporter qui elle choisit.

C'est cela que Glycinea crut lire au fond de cet œil. Elle lava tout, nettoya tout, bientôt passa le balai, sortit la serpillière gardée à son étage et tira le corps, l'oublia là, dans ce cagibi dont nul ne le dégagerait avant longtemps.

Une fois calmée Glycinea comprit que Vivia aussi allait mourir.

Décidément tout le monde partait, s'était-elle dit de celle dont elle s'était souvent retenue de glisser le pochon qui la contenait sous un camion en se pinçant le nez pour ne plus sentir l'odeur de rat crevé qui émanait de la vasque où se décomposaient les restes de la plante monocotylédone rendant ses molécules dernières.

Glycinea pensa à s'approcher de la fenêtre. Combien d'étages ? En s'écrasant en bas, c'en serait fini. Elle se souvint de son corps. Elle était encore jeune, on la suivait des yeux, elle irait dans les rues, quitterait cette ville pour de nouvelles, connaîtrait les hôtels, entrerait dans des chambres, saurait se négocier, s'abandonner à la fatalité.

Elle avait fait son sac, puis, dans la rue, dans le froid, le désespoir vint à nouveau la travailler, mais elle voulut marcher, s'interroger et réfléchir au procédé qu'elle choisirait pour disparaître, se demanda ce qu'il pouvait bien y avoir de l'autre côté, pourquoi les uns, les autres ?

Un homme passait, qui ralentit, s'apitoya et l'aborda : « Vous faudrait-il une aide, un réconfort ? »

Un doux, se dit Glycinea, devinant chez l'inconnu une propension à s'inquiéter de l'indigence et de la fragilité. Vêtu d'un pardessus très parfaitement coupé, il paraissait sensible et lui demanda : « Aimeriez-vous me suivre ? »

Glycinea ne connaissait pas les coupures vertes qu'il lui montra. Des dollars. Sur ce malentendu elle eut en tête qu'elle ne s'était encore jamais donnée à qui que ce soit, là crut pouvoir le faire, fascination immotivée qui lui montra que l'homme aussi semblait surpris de ce qui l'avait contraint à demander immédiatement une chambre, prendre la clé. Lieu identique à ce qu'elle imaginait, pauvre lumière dont l'homme baissa encore l'éclat de sorte à les maintenir tous deux dans une pénombre plus anonyme et plus propice. Il avait cru devoir seulement la rassurer, lui offrir à dîner, la laisser libre de dire ou de ne pas dire ce qu'elle semblait vivre de compliqué. Elle était belle. C'était étrange, une fille qui n'était pas d'ici, rude, étrangère, sauvage. D'où venait-elle, d'où pouvait être originaire cette impériale paupière ?

Il l'allongea, tira les cordelettes du chemisier et découvrit les seins, dégagea le corps et descendit plus bas vers un pubis dénué de pilosité. Il en était ému : la beauté absolue, une perfection dont il ne voulut pas chercher la justification.

Elle le laissa la malmener du plus gentiment qu'il le put, la tourner, comprendre tant d'innocence doublée d'un abandon si fataliste dans la façon de ne pas refuser.

Puis elle en trouva d'autres.

Et toujours elle tombait sur des garçons charmants, des inventeurs et des chercheurs, des hommes illustres dans des travaux qu'ils lui contaient. Ils parlaient de leurs épouses, en étaient fiers, les célébraient à la faveur de ce cadeau charnel momentané – elle – qu'ils découvraient au cours d'un déplacement.

Il se passa encore quelques années. Tandis qu'elle circulait au bas d'un mirifique hôtel où étaient réunis les membres d'une importante délégation devant attribuer un prix dont elle ne savait la nature, elle lut sur le parking qu'il y était question d'un colloque littéraire. Elle venait de voir dans l'habitacle d'un véhicule un homme qui la regardait. Elle savait tout de ces regards tandis que le conducteur ne descendait pas et continuait, garé, à la fixer. Un de plus, un qui lui permettrait d'aller dîner dans une forme de suicide avec oursins, poisson, vin capiteux et huîtres.

Elle savait son pouvoir, ce que les hommes cherchaient. Elle les aidait ou les amenait à quelque chose qu'ils n'avaient pas, alors elle s'approcha. Et celui-ci ? Il tenait sur ses genoux comme une sacoche de cuir et

répondit que ce ne serait pas envisageable, qu'il estimait très peu concevable qu'une fille aussi convenable puisse se commettre ainsi, ici, de cette manière. Son regard disait le contraire. Cela la fit rire, et elle ouvrit d'elle-même la lourde portière, lui donna un baiser, tout à la fois écarta de lui la lourde sacoche et avança les doigts. Elle savait faire. Il ne se défendit pas, docile, alors Glycinea chercha à lire son regard dans la lumière du tableau de bord : trentenaire, un peu comme elle, elle qui ne savait combien d'années elle devait dire à qui le lui demandait. Un jour elle avait ramassé l'identité d'une femme, s'était enfuie avec, gardait le prénom de cette inconnue mais en elle-même s'appelait toujours comme dans les jours heureux de ses fiançailles avec – comment appelait-on cela ? un dirigeant totalitaire ? Elle en sourit. Tous identiques, indécis et féroces, parfois intéressants et délicats comme celui-ci. Elle devina que c'était à lui que le prix reviendrait, qu'il devait être célèbre et crut se souvenir de l'écrivain qu'un jour elle avait observé à la télévision. Cela s'appelait exister, on lui remettrait une distinction qui paraissait le laisser indifférent, ce n'était pas prétentieux, plutôt inattentif. À la faveur de l'obscurité elle entreprit de le dévêtir de façon superficielle. Il paraissait flotter, ne repoussait pas cette main. C'était incohérent, rien d'autre qu'une mise en condition qui signifiait désœuvrement, entraide. Peut-être n'avait-il même jamais trompé sa femme. En avait-il ? Il dit les choses qu'il considérait sales, les gens,

les êtres, la regarda avec une très touchante sincérité, conscient qu'il en avait le désir, surpris que ce soit inéluctable.

Elle le palpait sans bien comprendre pourquoi il semblait loin, absent et étranger. Il regarda sa montre et l'écarta, se ravisa, la prit au mot : « Ici ? » Elle lui montra, à quelques pas, l'enseigne de ce qui devait être conçu pour des ébats rapides. Il ouvrit la portière, se leva, et de nouveau elle lui trouva un air de ressemblance avec cet inconnu brièvement vu sur un écran, longtemps avant, souvenir si flou qui lui rappelait son arrivée ici et la mort de Vivia. Depuis, elle se laissait errer de place en place et vivait seule, logements furtifs et escapades sans but. Et même elle se piquait, jetait les aiguilles, s'endormait à la suite et quelquefois à même la terre puis retournait se laver dans un motel. Elle fumait. Parfois elle était propre, on aurait dit quelque princesse des caravansérails, d'autres fois négligée, cheveux emmêlés, visage épouvantable, une ombre de bohémienne. Là, c'était un jour faste, son pull, ses ongles peints.

L'homme avait dû deviner un arrière-plan sordide. Quel âge avait cette fille ? se demanda-t-il. Il lui saisit la main, la déplia, chercha à lire dans les jointures et découvrit de très nombreuses traces rouges, des croûtes. Elle irait continuer sa sale besogne, les restaurants sans goût, un film, une arrière-salle.

Une fois la porte fermée, l'homme se défit de sa veste et dit qu'il ne comprenait pas ce qui l'avait incité et qu'il faudrait faire vite, qu'il devait être en place, maquillé dans peu de temps pour un plateau qui devait déjà l'attendre. Il expliqua n'avoir jamais connu vraiment de femme ni de fille, que même enfant la chose l'indifférait. Il continua : il se gardait ainsi, sourit, songea que c'était grotesque.

Elle attendit. De quoi parlait-il ? D'un continent dont il en était venu à se demander s'il existait bien, lui et son impossible nacelle à fins rubans violets.

Ils étaient sur le lit. Il avait pris ses paumes et les retournait, les observait comme si cette chair allait répondre. Il la tâtait, la malaxait. Il avait espéré, tenté de lancer là-dessus un écrit personnel. Il la prit à témoin : « Imaginez que vous ayez, dans une contrée n'existant pas, connu le plus parfait visage et que celui-ci vous ait fixé… »

Elle l'écoutait de façon distraite. Elle retira ses bas, ôta ses dessous, les fit glisser à terre et les repoussa sous le lit. Ce n'était pour elle qu'un étranger, mais quelquefois on ne sait le pourquoi d'une émotion, les résonances, les aléas d'un inconscient ou d'une pensée laissée et oubliée, d'un sourire inachevé.

Reculant le moment de passer à l'acte elle voulut réveiller ce qui l'habitait encore de solidarité avec ce qu'elle avait eu enfant et s'empara sur la desserte d'un triste coloriage qui simulait des campanules d'un bleu

violet. Elle dit la phrase que dans certain royaume et dans certain langage cette couleur signifiait : « Pourquoi me faire souffrir ? »

Puis, se tournant vers l'homme, elle le regarda. Sur le sous-verre était un second motif aquarellé montrant des sensitives, et elle le lui tendit, car dans ce même parler le sens en eût été : « Un rien me froisse. »

Par politesse il accepta, reposa le cadre en se demandant de quel dérangement relevait ce geste inexplicable. Pourquoi, par quelle incohérence involontaire décida-t-il alors que celle qu'il avait vue un jour dans un pays chocolaté, et sur laquelle il écrivait depuis – à ce point qu'on lui reprochait que ce fût sans cesse le même récit pour la même héroïne sans fin réitérée –, serait l'inconnue qu'il regardait dans un mélange de froide lucidité et d'incroyable admiration ?

Il avait attendu, fait des lectures sur ce sujet, évoqué de tels confins peut-être imaginaires et les avait décrits en différents endroits du monde, demandé qu'on étalât devant lui les cartes et les relevés les plus divers, comme aujourd'hui les satellites savent les fouiller au point qu'on y distingue les plus insignes détails et qu'aucun d'eux n'est plus dès lors *terra incognita*, mais que pourtant…

« Hein, demanda-t-il, imagineriez-vous qu'un tel royaume eût disparu ? »

Puis il parla de son père, un ingénieur qui était mort en lui léguant tout un travail photo. Il avait eu le cliché

d'un lieu inaccessible. L'énigme avait grandi. Un film avait été tourné : *Le Pays enchanté*. Elle ne put s'empêcher de moquer cette assertion : enchanté. Qu'en savait-il ? Il venait de dire qu'il n'y était resté qu'un court moment, et à neuf ans… que voit-on à cet âge, comment aurait-il su ce qui s'y était vraiment produit ? fut-elle à cet instant sur le point de lui rétorquer. Mais elle se tut. Avait-il vu là-bas des choses peu ordinaires ? Il hésita, sachant qu'en général peu acceptaient ce qu'il affirmait d'une extrapolation du végétal mâtiné d'autre chose. Par égard pour cette fille, il n'osa pas dire quoi, lui précisa seulement qu'il s'était fait médiatiquement honnir par tous les scientifiques.

Puis il énuméra les organismes vivants qu'il avait étudiés. Cette pause le soulagea. Rien ne ressemblait à ces sordides expérimentations qu'il pouvait attester et dont personne n'avait la trace. Glycinea parut lassée de ces digressions ethnographiques alors qu'elle était nue. Il la regarda, sembla sortir d'un rêve, grommela que tout était barbare et barbarie, illettrisme, esclavage. Ce qui lui vint en tête, dans cet étourdissement où soudainement il se souvenait de l'ensoleillement ayant régné pour la présentation des enfants-filles, ce fut l'apparition coiffée d'une tiare et de nœuds violets.

Il respira, se leva, chercha dans sa serviette une liasse de feuilles pour en tirer quelques dessins. « Voilà, expliqua-t-il, un jour je les ai faits, c'était au retour… » Elle se retint, sentit son cœur se dérober. C'était le

palais, les alentours, un pan de la véranda où on la parfumait.

Elle essuya une larme.

Revenu pour s'allonger près d'elle, l'homme paraissait la découvrir. Il la toucha, et ce faisant il écarta maladroitement la lourde sacoche en équilibre, quelque chose en tomba.

Sans y poser le regard, elle sut qu'il s'agissait du livre dont elle gardait la trace, qu'il était cet auteur, ce natif d'Ostreïkurdam tel qu'indiqué en dernière page mais qu'elle avait exclu de localiser, car dans de pareils pays les gens voyagent et on les perd, les cherche dans des annuaires, mais non, mille prénoms comme le sien, que même un jour, plus effrayée encore par la déshérence de sa vie, elle s'était fait graver à l'envers du poignet : Filius.

Celle dont cet écrivain ne savait pourquoi elle se vendait ce soir-là pour trois fois rien s'était relevée. Il l'étudia encore avant qu'elle ne disparaisse un instant. Il entendit la douche. Elle n'était pas d'ici, médita-t-il. Une Caucasienne, une de ces filles très blanches vers le lac Baïkal, l'infinitésimal soupçon d'opiacé oriental ? Puis il la vit revenir dans une draperie très étroitement serrée ainsi que le font les filles de ces régions. En allumant une cigarette, la voix changée, elle répondit qu'il voyait juste, qu'elle était une princesse, puis sans raison partit d'un rire brutal.

Il fut gêné, se rhabilla. On lui remettait ce prix dans dix minutes pour un nouveau récit dans lequel le même enfant, une nouvelle fois, sous un nom différent, allait retrouver son égérie sur un plateau rocheux où un avion se posait, que pilotait son père, oui, ces infimes variations de nougat et de galantine sur une parcelle placée sous les nuages.

Glycinea fut prête. Il compta les billets, l'accompagna à l'ascenseur, voulut son nom. Elle ne répondit pas, lui dit de ne pas l'attendre.

Il était dans la salle, s'avançait sur l'estrade. Là, y reçut son lot des mains de l'épidémiologiste qui l'avait assisté dans quelques tentatives pour tenter de retrouver ce qu'il n'évoquait plus. Il approcha le micro, chercha machinalement dans son veston les phrases prévues à cet effet en se demandant ce qu'une telle démonstration changerait à son destin, lui le plus mutique de sa génération. De tels honneurs ne modifieraient en rien le souvenir effacé d'une éminence si floue qu'il en était à croire, parfois, qu'elle se trouvait dans une mémoire faussée, invention maladive de quelque chose ayant été et n'étant plus ? C'est là qu'il devina au fond de sa poche le bout de papier que cette inconnue avait laissé, le porta à la lumière, y lut deux termes probablement tracés par celle qu'il supposa ne pas pouvoir rattraper, et dans un vain sursaut quitta les lieux.

Il était dans la rue, échevelé, fou, hirsute, chercha puis s'arrêta, toussa, râla, cracha dans cet enfer de froid qui venait de tomber sur Ostreïkurdam.

Il se tamponna le front. Il se demanda : comment avait-elle fait, à quel moment pour qu'il n'ait vu son geste ? Qu'avait-elle voulu dire, quel était ce mot : Ayudrayapura, qu'elle avait même écrit en détachant les lettres ainsi qu'elle l'avait fait pour le second nom, qui pouvait aussi bien être un prénom : Glycinea ?

4.

L'OR DE PLOUESFOUESNANT

Épinette était une petite fille de peut-être sept ans. Dans son village, depuis longtemps, personne ne marquait plus ces choses sur les actes de naissance. En s'approchant, on observait les deux grandes flaques égales de ses yeux clairs et constatait qu'ils n'avaient pas de pupille, que c'était comme deux petites pierres durcies qui s'irisaient dans la douceur de sensations qu'elle ne disait jamais. C'était une fée, bien sûr. Et Épinette était intelligente, donc très jolie, car on sait bien que les plus intelligentes sont très souvent les plus jolies.

Une brunette émaciée, quelques taches sur le nez, de hautes pommettes en forme de douces reinettes. Il émanait de tout ça une sensation de fragilité et d'excessive pâleur. En revanche, elle se montrait si vive, si inventive dans son allure déterminée que chacun, vaguement craintif, en la voyant, se détournait de ses occupations. Elle intriguait. Un univers dont elle aurait la clé ? Vu son profil d'une extrême finesse, on aurait cru un

personnage de conte, le modèle d'une chantefable ou l'héroïne d'un fabliau comme quelquefois sont les illustrations de récits où les insectes volants ont en réalité des articulations de fillette. Une libellule, pensaient certains, car il semblait très évident qu'il aurait pu lui arriver des aventures comme il n'en arrive à personne. Mais à Plouesfouesnant, qui aimait-elle ? Un petit châtain précieux à visage d'ange qui acceptait de lui expliquer avec patience toutes les conjugaisons qu'elle s'ingéniait à lui faire croire ne pas avoir comprises.

Ils allaient donc dans l'appentis et s'asseyaient ensemble, au fond, quand tous les autres jouaient au ballon, à la main chaude, à courir et s'attraper, mais elle, Épinette, montrait une compétence particulière comme quelquefois ont les natives de ces régions de dolmens et de pics cernés de fougères, en d'autres termes la tellurique forêt du centre que tous les gens, là-bas, appellent : *koad Brekilien*.

Ce qu'elle voyait était précisément ce que pensait ce petit nommé Vincent, et notamment comment il l'estimait, de quoi il la parait. Elle pouvait lire alors dans ses rêveries sans trop en avoir l'air, minaude, le taquinant, le regardant sévèrement, lui affirmant que plus tard elle serait probablement toujours à ses côtés, que quand on passe tant de temps ensemble à un âge comme le leur… Il ne comprenait pas. Elle se taisait, réfléchissait, reprenait son récit en ayant soin que la chose fût exprimée

dans l'idiome peu connu que l'on parlait encore au coin des routes, utilisait aussi le cornouaillais, le gallo, disait des mots très rares ou révolus, ceux des comptines anciennes que psalmodiait alors sa voix changée et gutturale pour distiller le *gwerz*, ce chant traditionnel dont elle connaissait les variantes.

Plus vraiment une enfant, comme si quelqu'un de savant et de très ancien s'était emparé d'elle, inscrit ou immiscé dans son anatomie à l'intrépidité insoupçonnable. À force, grâce à elle, Vincent avait connu la mer, mais pas la mer comme un état liquide indifférent aux hommes, plutôt la mer femelle et matricielle, qui plus exactement s'exprime et ne s'éveille que pour des petits comme Épinette et comme Vincent, et de la sorte Vincent entrait dans un monde étonnant, par exemple ce cerf blanc qu'Épinette respectait, qui se nommait *ar youch'*, très difficile à prononcer mais que désormais, sachant l'appeler, Vincent voyait brouter près d'eux, les regarder, s'en aller. Ou d'autres facéties qu'Épinette décrivait comme s'il ignorait ce qu'elle désirait lui faire appréhender et qu'il ne sentait pas. Ou simplement la nuit, qu'elle disait *noz*, qui avec elle prenait un sens si différent, puis ce qu'elle était elle-même : *uz verc'hig*, une fillette.

Il se demandait si ce n'était pas ainsi qu'on remontait le temps, gagné d'une dévotion si atypique qu'il en devenait pivoine, comme à bout de souffle, ses braises à lui

soufflées puis rallumées par cette enfant prêtresse qui devait descendre en ligne directe des *drovized* – les druides. Il lui prenait la main, n'ignorait pas qu'évidemment elle proposait des solutions ou des explications parfois très en contradiction avec ce que la maîtresse leur enseignait : l'orage et l'électricité, la foudre, les bateaux qui flottaient, la roche, les épissures et ligatures que Petite Épine savait évidemment par le détail comme si elle héritait de ce que tellement de navigateurs partis pour le lointain avaient eux-mêmes noté d'un endroit incroyable : les marches de granit rose qu'elle disait à Vincent vouloir lui faire connaître et essayer. Essayer des marches ? Oui, un jour il partirait peut-être, lui aussi, et il faudrait qu'il eût auparavant été perçu par elles et adoubé. Il ne comprenait rien à la magie possible de telles affabulations mais les après-midi passaient, jolies, nacrées, alors il en était reconnaissant à Épinette comme l'est un petit enfant pour celle qu'il a choisie et qu'il admire.

Petite Épine le précédait. Ensemble, ils se rendaient chaque fois plus loin vers un haut promontoire situé très à l'écart des chemins balisés et connus, rentraient bien tard par des sillons de terre meuble courus de hérissons et de taupes, de renards dont les crocs blancs et les petits yeux furtifs, de loin en loin, luisaient.

Pour Épinette, qui habitait au-delà du *keriedan*, c'était un jeu. Vous auriez pu lui dire que son attitude

était déraisonnable mais elle n'écoutait pas, prétendait certainement qu'elle poussait comme tout le monde. Un peu différemment, certes, car elle vivait chez une aïeule qui refusait de parler autrement qu'au passé, utilisait les mots désuets ou oubliés, et Épinette, ayant été élevée de cette façon-là depuis sa naissance, rituels et irréalité, agissements obsolètes et déconsidérés, venait à l'école pieds nus, exprès, comme à l'ancienne, avec le velours et la dentelle de coiffes rocambolesques.

Elle avait dit que c'était pour qu'on sache bien. Sache quoi ? Que plus grande elle refuserait les panneaux en deux langues, ou se permettait de ne pas répondre si on l'interrogeait sans s'adresser à elle avec le *ez* respectueux pour les enfants, surtout les filles.

Vincent devait alors la suivre dans une campagne si sombre qu'il ne savait même plus où il était, n'aurait pas pu rentrer, mais Épinette lui tenait la main, et il sentait ses doigts et sa chaleur, bien que soudainement ne la distinguant plus, ni elle ni son visage de farfadet qui à ce moment luisait dans les ténèbres, devenait sous les étoiles comme un morceau d'opale phosphorescent.

On ne sait pourquoi certaines fillettes ont des pouvoirs. C'est raconté depuis si longtemps qu'il doit y avoir une once de vrai, fatalité que l'on ne peut mesurer mais qui opère. Par exemple, Épinette, qui excellait à visiter les sphères d'un nanomonde insoupçonnable. Vincent aurait aimé y mettre son nez, mais elle lui affirmait qu'il

n'y distinguerait rien que de la poussière, tandis que dans un simple cheveu elle devinait des univers plus vastes que ceux que leur distillait la lande blanchâtre. Elle claquait dans ses doigts, se permettait de s'adresser à ce qu'il y avait de laiteux qui scintillait au-dessus de leur tête et qu'elle appelait la Voie lactée.

Lorsqu'ils étaient sur la falaise, elle avait quelquefois un rire qui prenait le son de deux cailloux frappés l'un contre l'autre, pas quelque chose qui serait sorti naturellement d'un gosier de petite fille, une farfadette dont le seul détail la rattachant à son espèce était quelques épingles pour se relever les cheveux, ou parfois des rubans, de simples élastiques aidant à séparer sa noire chevelure en deux longues nattes de part et d'autre des minuscules oreilles taillées en djinn, en faune, en fait en pointes de korrigan aux yeux de *gaouenn* – chouette.

Inventait-elle ? Il la croyait, bien sûr, mais évitait de l'accompagner partout, dans tout. C'était un don et il ne l'avait pas, nullement troublé ni investi d'une transmission traditionnelle comme c'était le cas de la petite enfant *voudig*. Il n'avait pas non plus grandi dans les encens de *bro guenne*, le pays plouesfouesnais ; non, son père à lui était tout simplement un employé de la sardinerie et sa mère rien du tout, mais l'un comme l'autre se moquaient évidemment de tout un folklore que les syndicats et les bureaux de tourisme cherchaient à préserver.

Vincent était un doux, un tendre, un petit être chétif qui n'aurait fait de mal à une mouette, tout de même interpellé parfois par des vauriens, et davantage encore quand on le voyait se promener avec sa sauvageonne. Il n'aurait pas su se battre, donc préférait passer son chemin pour retrouver le maquis et la fillette aux grands yeux gris, bleus, vert-de-gris, en évitant de lui dire pourquoi son cœur était retourné et bouleversé d'autant de violence ; en conséquence il tournait le dos à toute modernité ou actualité, refusait les journaux, se recentrait sur elle, Épinette, préférait les rochers, s'adonner simplement à ce qu'elle lui inventerait d'un horizon d'embruns à ce point impressionnant qu'on l'aurait cru parfois du gris des yeux de la minuscule *drein* – petite épine, donc Épinette, qui ne s'interdisait pas de l'approcher du gouffre, pile à l'aplomb, lui écartait les bras comme s'il fallait qu'il saute. Il en était épouvanté, terrorisé qu'une forte bourrasque l'emmène, le fasse chuter et basculer. On l'aurait vu en bas, échoué sur les rochers, les sternes venues batifoler en se moquant de lui.

C'est qu'avec cette *pikess* – piquante, piqueuse, ainsi que Petite Épine se désignait elle-même –, les mots prenaient un tas de couleurs nouvelles, que renaissaient les termes oubliés tels enchanteresse ou malandrine, moqueuse, futée, caustique, ou bien minauderies, facéties, mimiques, esquives, tout cela enjolivé par sa

manière à elle de se dévoiler bien plus charmante aux yeux de Vincent qu'à ceux des chenapans de l'école qu'elle refusait de saluer, auxquels elle tournait le dos.

Dans leur retraite elle apportait un peu de goûter, des fèves, du far, se retournait vers lui, demandait ce qu'il voudrait faire plus tard.

Pourquoi pas cosmonaute ? Ce mot le fascinait. Il admirait ceux qu'on lançait vers les confins, s'imaginait là-haut, dans les étoiles. Ou alors diplomate. Son père lui avait dit que là-bas aucun problème, mais que pour obtenir ça il fallait réussir, étudier fort longtemps, faire preuve d'une grande intelligence si on voulait se prémunir des étrangetés et de la malversation, que la diplomatie c'était aller très loin, vivre très bien, mais être confronté aussi à des révélations qui permettaient de ne pas trop voir le temps passer. Son père lui expliquait que dans ces régions lointaines les femmes étaient souvent moins sages, moins raisonnables, qu'on y trouvait encore des ouragans, des pluies et des tremblements de terre, d'incroyables sécheresses où des milliers d'enfants qui n'avaient de quoi se nourrir mouraient, que d'autres erraient couverts de boue et de cendres, que l'on ne voyait alors dans leur visage aux grands yeux vides qu'une interrogation valant tout de même la peine d'être comprise. Il affirmait aussi que dans quelques-uns de ces coins d'Afrique, d'Océanie, d'Asie, se rencontraient encore les effroyables situations où la milice fermait les

yeux sur des bandes de pillards qui dévoraient les étrangers, qu'on vendait des esclaves.

Épinette écoutait, méditait, le prenait par le cou, lui faisait regarder les flots tout au-dessous d'eux et désignait les petites cavernes au ras desquelles vivait un monde étrange. À la verticale de l'à-pic lui chuchotait qu'elle savait bien ce que réellement il désirait et que ce n'était pas ça, ni le rationnel ni l'exotisme, mais plus exactement ce qu'il n'avait même encore jamais imaginé devoir entreprendre.

De quoi parle une enfant lorsqu'elle est mystérieuse et qu'elle conclut son interrogation sans y donner de réponse ?

C'était ça, son mystère. Puis ils rentraient. Des buissons et des nids. Les bêtes, bien sûr, merles, musaraignes, parfois une caille qui s'envolait dans un bruit de joncs brisés, ou un vol de chameaux – non, elle riait, elle voulait dire vanneaux, dans le vent, d'une aile sur l'autre. Vincent voyait ces échassiers passer du blanc au noir et récitait à Épinette quelque poème comme ceux que l'école leur apprenait : « Les Insectes », de Leconte de Lisle. N'écoutant qu'à moitié, Petite Épine jugeait que c'était un joli nom, une île n'était-elle pas la plus belle invention pour se couper du monde ? On pouvait y dormir, y entendre la terre, et tout autour étaient quelques milliards de vaguelettes assidues qui toutes voulaient vous réveiller, vous chatouiller.

Vincent ne voyait pas bien où elle voulait en venir mais somnolait, bercé par le discours précis et rassurants de Petite Épine le confortant dans ce qu'elle savait dresser devant lui, babil léger ou rauque, changeant de timbre tout à coup. Elle ne se tournait même pas pour vérifier s'il la suivait ni dans quelle direction, dans les ronces, sentiers éclaboussés de genêts où quelquefois un pan de rocher que les secousses avaient fragilisé et détaché de son socle se mettait à dévaler quelques centaines de mètres plus bas et les rasait. Ouf ! Ouf quoi ? Épinette s'en fichait de ces blocs dont elle disait qu'ils la connaissaient bien, qu'elle était de la famille, que ni Vincent ni elle ne risquaient rien. Donc ils marchaient, ne sachant pas l'heure, se repérant au soir, au soleil déclinant soumis à l'hypnotisme de leur pas éveillé, et pour Vincent parfois dans l'inquiétude de ce qu'Épinette avait de résolution et d'énergie dont il ne se plaignait pas, certes, mais redoutait tout de même, car son idole à genoux de grenouille et à mollets griffés faisait naître en lui des sensations qu'il finissait par croire peu naturelles.

Bref, les vacances furent là. Plutôt que de s'embêter toute une journée dans les endormissements d'une pièce que décoraient de vagues rideaux de dentelle entrouverts sur la lande ou de respirer l'odeur de l'encaustique émanant du *gwele-kloz* – lit clos –, Épinette proposa qu'ils aillent pour la journée et une partie de la nuit

commercer mentalement avec les ingrédients de ce qu'elle devait mêler en vue de leurs toutes premières initiatives.

Décidément imprévisible et peu compréhensible, la fillette de sept ans, huit, et même quelquefois neuf, pourquoi pas ?

Vincent ne s'était jamais demandé, au cas où quelque chose d'inattendu eût à l'ôter de son horizon, s'il tomberait malade, ne répondrait plus ni ne mangerait plus. Qu'il en fût écarté, la chose s'était déjà produite, lorsque dans la famille très dispersée de Petite Épine – que l'on disait remonter au seizième siècle et dont on trouvait le nom sur les assiettes et les missels – quelqu'un était passé de vie à trépas et qu'elle avait dû suivre la femme âgée qui la gardait jusqu'à Harquouette, qu'en conséquence il avait bien fallu que Vincent restât toute une semaine sans elle, priant sans le dire pour le retour rapide de sa futée aux yeux couleur d'on ne savait quoi.

Longue semaine de printemps où il s'était retrouvé à s'ennuyer, ne pouvant pas s'empêcher de s'occuper mentalement avec ce que le ciel rappelait aux heures de grande marée. Il attendait de la voir s'y profiler. Toujours il espérait découvrir son visage, mais tout s'effilochait. Résignation et éclats de voix, des claquements de porte et un médecin qui descendit bientôt de voiture pour l'ausculter. Donc devoir se confier, dire l'absence d'Épinette. Il y avait du soleil et il ne le voyait pas, pas plus les mille bourgeons du jour de Pâques, seulement

un orangé d'automne, toujours le gris-violet des yeux de celle dont il ne voulait pas parler. On dut lui expliquer que justement le printemps était plutôt exactement fait pour être joyeux, mais non, Vincent jurait que ce qu'il avait devant lui était morose. La fièvre retombée, il avait encore peur, pour lui, pour Épinette, pour ce que la lande qui ne les voyait plus depuis des semaines allait imaginer. Alors il avala sirops, compotes, mesura comme il était pénible d'être face à l'absence. Il grelottait. Toutes les demi-heures la grosse horloge sonnait en réveillant des meubles eux aussi attristés, les tapis, les bergères, cet intérieur indifférent jusqu'à ce qu'un pâle et doux rayon vînt finalement toucher la joue de Vincent et rapporter qui vous savez.

Un sortilège, avait dit le vieux sourcier vivant tout à l'extrémité du *noz* – village. Il en avait tant vu, de ces événements qu'on ne sait nommer, et avec eux les émotions dans les prairies et les forêts si denses que même lui n'y serait entré sans se faire accompagner d'un exorciste sachant le médiéval et les méfaits de la couleur mauvaise qu'on nommait *glaz*, entre le vert et le bleu.

Le dernier jour d'avant la fin des cours Épinette déclara que ce serait pour bientôt. Ils étaient là, audessus des *ar garreg*, rochers couleur d'*erminig* – hermine. Tout à l'extrémité de leur renfoncement privilégié, Vincent ne savait pas trop à quoi s'en tenir. Ce serait

bientôt, avait-elle dit en observant la mer qui s'étendait devant eux, où personne n'osait se rendre parce que les naufrageurs avaient coulé par là tellement de vaisseaux, affirmait-elle, que d'avoir vu et bu toutes ces choses-là, le fond était tapissé. Tapissé de quoi ? Tapissé d'or. Oui, réitéra-t-elle : l'or de Plouesfouesnant.

On ne pouvait pas y aller, pas comme ça, mais certainement là où d'autres cachettes avaient été gagnées par des courants capables de transporter des milliers de tonnes précieuses sans que nul le sache, il s'avérerait possible de découvrir ce qui y gisait d'inaccessible. Elle en était certaine : des quantités de merveilles, les raretés épandues, lingots, coffres et canons, le mobilier ou la vaisselle que les seigneurs d'alors avaient obligation de transporter en leurs demeures lointaines pour y régner. On ne savait rien de cela, la grande mare respirait, mouvante, qui gardait son secret.

Mais les femmes ? dit Vincent. Favorites et épouses que ces conquistadors laissaient par-devers eux dans leurs châteaux ? Pas toujours, souffla-t-elle. On en emmenait certaines, les nommait courtisanes. Là elle montra sa main, à son poignet était une petite chaîne en métal torsadé où se balançait le cerf blanc, justement, donc elle reprit : les femmes et leurs bijoux, des malles entières, les bagues, les ornementations prises à des soupirants, des joyaux par brassées, mais également le clergé, tout ce qui venait des églises et relevait des aumônes, les crucifix et les ciboires, les lourds bijoux

appartenant à Isabelle la Catholique, à d'autres, lignées du Nord, du Sud, dont les fortunes bonnes ou mauvaises iraient s'agréger là. Elle rajusta sa manche, se tourna vers le large : tout y resplendissait d'épines rocheuses que la marée frappait d'une écume éclatante tentant de couvrir ce qui s'y décelait de failles fantastiques afin que ces mêmes fissures se croisent sans que nul le sache, on ne savait où. Elle si.

Vincent regardait cette masse monolithique tandis que la voix de la petite *voudig* devenait à peine audible : les flots ! Une étendue qui signifiait quoi donc ? Le calcul et l'orthographe serviraient-ils à en comprendre ou en mesurer seulement une once, en estimer l'identité faramineuse et toujours renouvelée d'une apparence sensiblement la même, mais en réalité formée d'une quantité incalculable de gouttes avec chacune leur existence, leur expérience et leur destination ? Elle indiqua : tout droit on arriverait à l'autre extrémité. De quoi ? Elle ne précisa pas. Rien de plus. On aurait survolé ainsi l'équivalent de ce qu'un observateur verrait de mille vallons et mille rivières de différentes natures.

On croyait ce domaine inerte et indolent, immobile ? Que nenni. Et elle était sûre d'elle, Épinette, car s'insinuant la nuit dans tout ce qui lui semblait intéressant de fouiller elle s'affirmait curieuse de ce que les petits garçons avaient dans le crâne – et pourquoi pas Vincent ?

En agissant comme ceux ou celles des télépathes qui

par divination savent qu'au réveil l'individu qu'ils ont manipulé ne s'en souvient pas, elle visitait Vincent pour y prélever des bribes d'éléments disparates. La mer le fascinait, sans qu'il le dise la longue respiration salée et malléable sous les effets de la lune le captivait. Elle ne voulait s'y rendre sans lui, ce ne serait intéressant que si elle le convainquait au point de le faire aller jusqu'à l'émoi ressenti lorsqu'on s'engage avec l'esprit qu'on aime dans un risque calculé, raisonné, or il se peut parfois, tout de même, qu'il en résulte des choses imprévisibles.

Oui, c'était ça. Elle qui avait peut-être non pas sept ans, huit, neuf, mais sept cents ans ou huit cents ans, voulait se rendre au fond de ce qu'elle n'avait pas encore, de façon claire et objective, analysé pleinement de sensations et de lieux seulement perçus de façon mentale. Elle voulait le fantasmé et les visions druidiques, l'Everest, mais à l'envers, les montagnes inversées, ensevelies et marines, les fonds retournés qu'elle arpenterait et dont elle redoutait d'amenuiser l'effet. Elle y pensait longuement en regardant Vincent, aimait qu'il s'interroge et la suppose elle-même dubitative sur ce phénomène incroyable : aller au fond des eaux. Alors elle attendait la nuit, qu'il dorme, retournait le survoler. Qu'il était beau, tandis qu'elle l'étudiait dans son sommeil, le voyait par-dessus, lui soufflait au visage en l'enrobant sans qu'il le sache d'une prophétie si tendre qu'il s'éveillait le lendemain avec un teint reposé

que même ses parents avaient fini par constater. Sa mère le questionnait : « Qui t'a donné cet apaisement, ce calme ? », mais n'osait ajouter : « La petite aux yeux d'ardoise ? Celle qui montre son museau, ne dépasse jamais l'enclos, ne dit bonjour à personne ? »

Comme il y avait un train, il suffisait de le prendre, un engin à vapeur qui s'en allait jusqu'aux provinces connexes, en apparence très différentes mais en réalité presque semblables, sensiblement égales dans leur conformité, car plus on s'éloignait du vieux Plouesfouesnant, plus le monde était convenu, or avant ces confins on atteignait à la limite du *bro*, terre avancée dont il faudrait qu'un jour elle se détache, s'éloigne du continent comme une frégate le fait, et cette parcelle de roc disparaîtrait avec ses gens et ses églises, ses pardons, son passé.

Épinette prétendit ne pas vouloir expliquer où ils iraient ni combien de temps, parce qu'elle avait conçu son aventure comme on laisse derrière soi un vieux vêtement, une mue – ce qu'elle illustra, quittant la gare, en désignant un simple orvet qui venait d'abandonner sa peau fanée et se tortillait en profitant de sa nouvelle vie.

Tu vois, constata-t-elle, pas plus compliqué que ça, reptile ou autre chose qui ne se pose pas de question.

Dans le train qu'ils venaient de prendre étaient des gens pressés, des citadins et des industriels s'occupant d'une valise, d'une cantine, quelquefois d'un enfant qu'ils remarquaient à peine, houspillaient constamment

en s'arrangeant surtout qu'il ne fût pas le témoin, par la vitre, au détour d'une vallée, de ce que d'aucuns jugeaient maintenant contraire au modernisme et avait pourtant cours. On devinait dans la tourbe des spectres échevelés si prestes et si fugaces que nul n'était certain de les avoir vraiment vus, et comme partout se développaient des routes, des ponts, cette rase campagne que l'on notait sur quelques cartes postales du début de siècle tendait à tourner le dos à ce qui avait été l'identité de territoires perclus de secret. Maintenant, en traversant les landes par ce moyen, dans les wagons les gens lisaient, et si se remarquait encore, de temps à autre, une femme âgée et solitaire assise dans son mutisme séculaire, si on la discernait se verser quelque breuvage étrange et que ce breuvage, au cas où quelques gouttes eussent été renversées, eût abîmé le tissu du siège et que ce dernier fumait, alors c'était certain qu'on avait eu devant soi ce que tous craignaient sans le dire : une *morgan*, une sorcière, mais nul ne se serait douté, s'agissant d'Épinette et la voyant avec Vincent circuler seule et sans bagage, qu'une telle fiction était encore possible sous la forme enfantine, ou que si c'était le cas celle qui serait née ainsi par quelque procédé curieux hérité du hasard aurait la possibilité de choisir son apparence, son âge, qu'elle eût alors comme celle dont nous parlons sept ans, huit ans ou neuf. Quant à Vincent, il s'en moquait, de l'âge d'Épinette, ne s'était jamais posé ce

genre de question, car concerné seulement par la destination où la *voudig* le menait.

Après Bro San Malo, elle ne voulut pas plus donner la direction, mais simplement vers l'est, oui, se diriger au-delà et contourner les vallonnements et les arêtes prenant racine avant Plouesfouesnant mais venus mourir ici pour officialiser une crique à peine visible qu'Épinette seule savait.

Le train ayant été changé pour un plus petit, qui ne comportait que de minuscules espaces galonnés de rouge, elle en voulut un vide afin d'y installer son compagnon, coinça la porte et abaissa le rideau le temps que des boursouflures grandissent sous les panneaux. Ce phénomène se propagea ensuite à de petits cadres où quelques photos de plage semblèrent se mettre à vivre. Des personnages avec des pelles, des seaux, s'y ébattaient tandis que se devinaient des rires lointains comme si ces estivants étaient présents, vivaient leur vie de papier glacé sur la promenade d'un casino entouré de châteaux de sable.

Le tissu se mit alors à éclater en gros bourgeons aux ramifications couvertes de fleurs d'une essence entêtante. Elle fut irrespirable et fascinante, cette floraison qui tout à coup envahissait la loge fermée où Épinette, instigatrice de l'illusion qu'elle se permit de considérer indubitable et effective, venait de poser sa tête sur l'épaule de Vincent. Une fée, une des dernières enfants

morgan, susurra-t-elle à son oreille, mais il ne comprit pas ce subterfuge d'ondine, de sylphe, de naufrageuse. Oui, fillette lointaine de ces pirates terribles. Avant, chuchota-t-elle à son oreille, ceux qui avaient le malheur de croiser sur leur route de telles prêtresses à teint de varech ou bien tentaient de percer la vraie nature de leur commerce avec les flots, grand mal leur en prenait, d'avoir connu ce chant et de ne pouvoir ensuite l'entendre leur vie durant, car ces filles s'immergeaient et retournaient ensuite dans leur domaine de coquillage tandis qu'errants et égarés, eux revenaient se fracasser sur le rocher qui les avait appelés.

Elle dit qu'aucun n'en réchappait, se redressa, regarda par la vitre : personne ne lui avait appris, elle agissait d'instinct, pour les gens, pour les choses. Dans une des rues de la ville, une fois, la nuit tombée, affirma-t-elle, elle avait vu une femme âgée mendier. Des gens vivaient ainsi, dehors, dormaient dehors ? s'était-elle demandé. En une seconde par cette révélation et le pouvoir qui était le sien, de Petite Épine, la femme obtint un toit, une soupe, une grande bolée et un peu de cidre, et pourquoi pas la bonne flambée d'un feu ? Puis son cabas contint des fruits, du pain. Pratique, non ? Et Épinette avait passé son chemin : elle était une *morgan*.

À ce moment-là, et bien que le train parût vidé de toute vie, une petite fille venait d'appliquer son nez

contre la vitre et détaillait Vincent avec des yeux couleur de porcelaine.

Deux nattes extraordinaires se réunissaient en haut de son crâne où étaient noués des cheveux si fins, si blonds, qu'on l'aurait crue tombée d'Ukraine, le cou lacé dans un haut col qui terminait le vêtement orné de brandebourgs. Épinette lui ouvrit et la plaça contre elle :

« Comment t'appelles-tu ?

– Anouchka.

– Eh bien, Anouchka, dit Épinette en désignant un des petits cadres qui venait de reprendre son apparence normale, que veux-tu voir ?

– La lune.

– Tu voudrais voir la lune ?

– Oui, une de mes babouchkas y est, alors j'aimerais savoir si elle a l'intention de rester là-bas longtemps, parce que dans ce cas je ne la connaîtrai pas et qu'avec elle je ne mangerai pas de ces galettes qu'elle faisait déguster à tous dans sa datcha. »

Et ce fut cela : la lune. On vit le panneau de la taille d'une carte postale devenir comme une télévision en noir et blanc montrant ce qui se passait là-haut. Épinette pouvait ça, alors tous admirèrent, s'imaginant pour un instant dans ce désert blanchâtre où de petits animaux, dont l'un plus impatient que les autres, venaient regarder de près la supposée lentille braquée sur eux.

« Alors, Anouchka, t'en penses quoi ?

– Que c'est comme là où je fais mes exercices, quand

on m'habille et qu'on me met des patins, me lance sur le lac gelé au bout du grand jardin couvert de neige, oui, c'est comme ça, j'y vais aussi avec mon long manteau de fourrure. »

Puis elle s'est tue, toute frêle, ses mains entre les genoux et sa belle robe rouge vif.

« Et maintenant, Anouchka, avec mon camarade Vincentnovitch, maintenant que grâce à toi j'ai pu lui faire savoir l'étendue de mes pouvoirs, tu vas nous laisser seuls car nous avons des choses à faire afin de le présenter convenablement à l'océan », lui dit d'un ton très assuré Petite Épine.

Et Anouchka regarda Vincent dans un mélange d'admiration et de curiosité, remercia et sortit.

Ce fut à ce moment-là que toutes les personnes que connaissait Vincent, une à une, vinrent le saluer. Elles avaient l'air navré, aucune ne s'exprimait, elles s'inquiétaient seulement de son cas, comme si, enchaîné qu'il était au petit compartiment, on ne pouvait l'assister, seulement le consoler avec tristesse et continuer avec accablement dans ce même couloir pour laisser place à un suivant venu constater la perdition de cette âme chérie.

Ces gens se succédèrent encore comme s'il fallait qu'ils viennent une dernière fois prier pour ces deux innocents quand cela semblait possible.

On vit surgir des gares. Au pied d'un bâtiment en

forme d'éponge était groupée une foule d'enfants se tenant la main, qui entouraient un orphéon et quelques fifres. Une grande banderole claquait, où le nom de la petite *morgan* flottait au vent, et ces villages avaient pour nom : Irmatek, Flouernach, ou bien encore Imersaouhec, et à chaque fois, sur l'étendard, ce qu'on y voyait flamber de lumière célébrait des prénoms dans des langues oubliées : Épiniaque, Épinetch… Puis tout cessa, devint plat, enfin on vit la mer qui somnolait et Épinette fut satisfaite, n'en pouvant plus, épouvantée d'autant de vacarme, elle qui prônait l'anonymat, le silence.

Vincent regardait le dernier panneau. Était-ce un bourg, une ville ? Personne. Ils descendirent, curieux de l'instant qui pouvait être midi autant que cinq heures du soir.

Épinette avisa les quelques cailloutis débouchant sur la grève où elle savait trouver l'ouverture qu'elle cherchait et fit aller Vincent sur ce goulet que par un effet d'optique le jeu de lumière masquait. Un sas, frontière non perceptible qu'elle avait étudiée. L'air était froid et gris, mais quelque chose en modifiait l'opacité, changeait cette atmosphère, la rendait transparente. Vincent crut que les nuages les détaillaient avec leurs yeux de nuage, et c'est à ce moment-là qu'Épinette prononça : « Je vais t'ouvrir la mer. »

Ouvrir la mer ? Il avançait maintenant sur des galets, dernier moyen de communiquer entre le sable et rien.

Épinette les retournait, jouait avec eux, les enfonçait de son pied et quelquefois se penchait pour en attraper un.

Vincent la détaillait avec rigidité en se demandant s'il n'était pas plus raisonnable de la laisser seule à ses sornettes. C'est vrai qu'il y avait souvent songé, à cet étrange modelé qu'on nomme abysses, éloigné des humains, séparé d'eux par le méplat instable appelé surface, apparent, observable. Il le savait mais hésitait à en parler, n'osait pas se déchausser face à de telles étendues, ne se sentait pas la force de vérifier quelque limite mouvante et irréelle reconstituée sans fin, ça et la majesté d'un mouvement perpétuel : les vagues.

Donc ils y furent : oh oui ! les désinvoltes, les folles et les retenues, les sages, les enveloppantes en des oscillations devenues probablement le ventre de lamantins à larmes de verre se déplaçant onduleusement et peu conscients, inertes ou malmenés mollement par les courants qui les soulevaient et les abandonnaient dans le brassage de failles aux dimensions impressionnantes emplies d'un fourmillement de bulles incessantes. Tout y était changeant, paraissait s'éloigner, danser, revenir en des valeurs de miroitements curieusement amusants et manipulateurs. Mais là, juste à leurs pieds ? Épinette lui souriait, lui désignait la belle et longue entaille ouverte comme un boulevard en tapis grège où, humecté, lissé, le sable s'amenuisait devant eux en s'étonnant de pareilles hésitations, ingénus qu'ils étaient, charmants et si fragiles en regard de l'étendue imperturbable et silencieuse.

La houle, très loin, chatoyait au-devant d'eux et découvrait ses entrelacs rieurs. Tout semblait les héler : oui, c'est ici, venez. Inévitable, se dit Vincent qui avait cru cerner ce qu'Épinette rêvait de l'invisible démarcation.

Y lire le goémon, les chevelures multiformes qui dévoilaient d'autres principes à l'origine de sélections et de végétaux ne figurant nulle part dans l'histoire naturelle, plantes amphibies, bulbilles, les avoir vues, les percevoir dans la ténèbre dont Épinette elle-même, comme elle le prétendait, était probablement originaire, suivre avec elle ce monde qui se tournait vers eux.

On distinguait maintenant de petits alevins faisant frissonner des millimètres d'eau claire. Ils parcouraient ces stries et ces goulées râpeuses semaillées de coquilles brisées et de parcelles de mica. La trace d'un congre énorme qui s'était vautré là menait elle-même à d'amusants serpenticides fins comme le doigt. Il y en avait sûrement, de ces indications présupposant le fond que seuls les initiés étaient à même de lire ; d'autres y avaient tenté le fastueux périple, goûté à ce baiser comme une succion ou une ventouse. Il le demanda à Épinette. Elle ne répondit pas, trop fascinée par ce qui se produisait, mais affirma pourtant, parlant de tous les mouvements de marées incontrôlables, que ce n'était pas la lune qui rendait les gens fous, plutôt quelque formulation qu'aucun des scientifiques ne livrerait jamais ; que sur ces manifestations équinoxiales on en était encore à des sup-

putations pour tenter d'expliquer leur basculement gravitionnel, mais que, évidemment, elle connaissait la cause de ces siphons et de ces brassages. Vincent s'abstint de relever, et puis, d'ailleurs, n'étaient-ils pas en vue de l'extrême limite connue ?

Elle se défit, repoussa du pied le vêtement qu'elle portait et venait de retirer, en secoua les deux grandes poches d'où s'échappèrent de petits objets qu'elle détailla, soucieuse de ce qu'elle laissait, car les *morgan* sont inquiétées parfois par ceux qui savent leurs manigances et cherchent à les repérer par la présence de reliques spécifiques. Trop long à expliquer, signifia-t-elle avant de se retrouver jambes nues et d'écarter les deux pantoufles de fin cordage, qui, tels de pieux chaussons, restèrent au creux de la flaque.

Il fit comme elle, et de la sorte ils se regardèrent. Les bras sur la poitrine, elle aurait pu passer pour un alevin ou une sardine, et Vincent se demanda : lorsqu'ils avaient ensemble dévalé toutes ces dunes, couru, sauté et atterri, savait-elle cette fiction, qu'on en arriverait là ?

Elle sembla satisfaite. Il n'y avait plus qu'à bien fermer les yeux et faire un pas, un pas seulement, alors ils virent venir à eux une multitude de petits poissons curieusement similaires à ce que Vincent avait imaginé. Très en dessous de la surface était comme un cristal mouvant où circulaient des spécimens fuselés qui laissèrent place à toute une procession de nez

colorés soucieux de leur indiquer la direction. Certains piquaient de leur face trompette, touchaient la joue, se frottaient en des mouvements rapides et irisés. Plus bas, comme sur une patinoire qui s'étendait vers le glacis où mille reflets contraires alternaient leurs valeurs, les pans du nuancier manifestaient leurs inventions furtives, jouaient de demi-teintes et de contre-jours afin de compliquer leurs différentes facettes. Puis ce furent les sillages, les illusions mouvantes et ondulantes qui passèrent autour d'eux, vibrèrent dans un langage qu'Épinette connaissait et montra à Vincent : sillons en forme de lyres, d'étoiles. Alors devint visible un socle d'une minutie particulière érigé comme un dôme. Puis l'acrotère païen d'une fantastique allure de cathédrale en forme de tubulure d'agencement circulaire – un mode d'architecture ne se voyant pas sur terre ni à l'air libre. Vincent ne percevait sur lui aucun courant, mais se sentait flotter, léger, suivant très curieusement de grandes masses en spirale qui émergaient ou replongeaient en mélangeant leur transparence. Au fond, tels des lémures échoués et réunis en d'imposants vestiges, miroitait autre chose, dont les travées, à qui aurait connu cette antique nécropole, Pompéi, ses atriums de cendres et ses gisants, attirèrent Épinette, la fascinèrent, qui tout à coup sembla vouloir toucher la lave d'un pareil catafalque formé par les millions d'années d'ensevelissement et déployant au sein de ses édifices les fontaines et les sources, les péristyles, les arches,

l'ensemble se transformant sans la moindre logique en des vallons et des lointains emplis de soleil.

Mais au-delà de ce tournis étaient encore tous les vaisseaux fantômes. Il y avait là l'épave de la Cinque Chagas, puis celle du Florencia de l'empereur Atahualpa, coulé en 1724, mais également le boutre de Pachacamac, nommé Soleil d'Orient. Ballottés, démembrés, ils flottaient dans un flux faisant aller et venir les semis d'éponges et les cordages effilochés, les cuirs, les billes d'agate. Il y rampait des poulpes couleur de roche et s'y éparpillaient les détritus de toutes sortes que se disputaient les raies ocellées ou les murènes dont la tête seule, parfois dardée et fascinante comme un morceau de panthère jailli et menaçant, se montrait.

De tous ces armements il émanait comme une respiration, l'exhalaison des illusions ayant conduit tous ces mutins à rébellions et trahisons, assauts et accostages réitérés dont bien évidemment toutes les mappemondes gardaient mémoire, elles qui verraient toujours ces nefs et ces munificences sous l'angle de leurs brisures à demi lisibles dans l'enfoncement scellé de poussière.

Horizontal et vertical mouvement qui descendait lentement, doucement, avec, de place en place, l'éclat furtif du scintillement des gemmes et des pierreries. Ce furent alors quelques cabines de proue mises sur le flanc, crevées, où des parures brillaient. Un sol jonché d'écus.

Oui, par boisseaux, toutes ces ventrées dilapidées évoluaient là sans distinguo, et sans prééminence étalaient leurs barres d'or dans un semis de vaisselle qui menait à d'autres biens ayant trouvé ici leur destinée. Alors un monstrueux serpent traînait, s'enroulait, s'étirait, passait en arrachant de ses dents quelque fibule d'ivoire, puis s'en allait dans la fascination de la brinqueballante désolation où persistait sa lente et effarante beauté à la chair molle.

On s'enfonçait. L'éclat des incertaines parures répandait çà et là, dans une impermanence d'entre poteries et céladons, côtoyant les sextants, les longues-vues, les astrolabes de cuivre brouillés par les effets de la rouille, la minutie de son immobilité statuaire. Dans l'enfouissement où circulaient encore et par à-coups d'autres visions pour la plupart déconcertantes, en masse, les canonnières perdues montraient de leur doigt d'alliage des ponts qui en leur temps avaient été le prototype d'amirautés demandant cinq cents bombardes. Et puis les mâts brisés, les dunettes éclatées. Des loutres de mer s'y amusaient, qui là encore avaient une apparence humaine et s'ébattaient au fond de l'abîme pour s'y laisser rejoindre, séduire, lier ou délier leurs chevelures roussies ou mordorées, quelquefois étoilées, se chevauchant encore longtemps par les aspects contraires d'inclinaison et d'abandon.

Des ossements rougeoyaient, qu'Épinette désigna. Elle respirait. Vincent le remarqua sans en ressentir la moindre gêne. Et lui ? Il ouvrit grand la bouche, sourit, qu'elle sache que ses poumons étaient à même de s'accorder avec les siens. Puis de nouveau, et très en dessous, là où jamais un sol ne se montrerait pour que des pieds s'y posent, les renouvelés éclats disaient qu'ici des hommes avaient sombré et continuaient imperturbablement à le faire, si lents et mesurés que chacun s'épanouissait vers un accomplissement retenu et hélicoïdal au sein des pâtes marines qui, comme de l'ambre, les enchâssaient pour nonobstant, ensuite, les laisser libres ou les emprisonner encore, eux et leurs inquiétants fragments très partiellement visibles tel un immense ténia dont les anneaux épars ponctuaient les profondeurs.

Adoncques Vincent, dès cet instant, se mit à ne plus penser, ne plus résister. Il distinguait, de plus en plus présents, à la fois s'éloignant, les miroitements où se lisaient toujours, enfouies, perdues, les barriques descellées, les jarres de toutes espèces que les gouvernements avaient au long des siècles cherché à exhumer, sondant, plongeant, envoyant des équipes, des sonars. Silence. Épinette s'en moquait, Vincent la devinait en libellule survoler ce qui brillait, y luire de place en place, voyant maintenant comme en plein jour, et il se propulsait aussi, émerveillé, dans les travées de pierreries et de reliquaires, de calices, de ciboires, sa silhouette fluidifiée

comme si ses pieds étaient devenus des palmes et qu'un double amphibien l'envahissait ; comme si, petit à petit, d'un faune hybride doté de branchies, ses doigts et leurs extrémités seraient maintenant couverts de diatomées et de corallines.

Notant ce qui avait été fondu et possédé, Épinette, ébahie, tentait de donner vie ou de toucher de la main ces parcelles de beauté, les retourner encore pour les faire scintiller dans la brutalité d'autant de trous noirs, de caches, de fissures séparées. Mêmement, dégagées des ténèbres, d'autres constellations ventrues et démantelées offraient de nouveaux jades, d'autres rubis, d'autres poignées de richesses et de diamantines mêlées dans une obscurité où Épinette parut tout de même surprise de profaner ce qu'elle n'aurait pas imaginé si vaste, n'en croyant pas ses yeux, s'extasiant, s'agitant, se retournant pour regarder Vincent et faire brûler pour lui deux fantastiques pupilles gagnées par l'insatiable éclat d'une combustion ardente. Vincent toucha ce brasier et y entra lui-même, s'y refléta et s'y mêla, ne sachant comment irait sombrer ce qui tournoyait autour de Petite Épine et s'enroulait à elle.

Perdus comme en apesanteur, l'un l'autre se mélangeaient maintenant aux ulves sans attache qui désormais les embrassaient pour les unir où nulle autre lueur que la luisance de leurs pauvrettes anatomies n'était visible.

Tomber alors dans l'irréelle obliquité couleur de cendre pour y percer le mystère où tournoyaient main-

tenant de longs ailerons. Vers cette déclivité, il faisait moins sombre. Épinette se pencha. Vincent lui tint le poignet et la sentit brûlante. Non, il y faisait doux, comme si, sur une terrasse, le soleil disparu, une entité attentionnée leur avançait un siège. S'y étant installée, Épinette déclara qu'elle désirait goûter à cette boisson d'une couleur d'encre, ce vin de fucus qu'un animal marin au service de ces lieux venait d'apporter et lui tendait. Alors ils virent un coquillage en forme de bénitier d'une taille phénoménale. Sa masse enflée semblait un piédestal qui surplombait de son drapé calcaire la fissure de l'abîme. On ne voyait rien en dessous, la fin du monde fini et l'infini des abyssaux définitifs. Ainsi se concluait le chevauchement des choses dissoutes dans le mucus fœtal pour y fixer les strates de quelque époustouflante demeure où régnait qui ?

Vincent voulut toucher – quoi, ces courants ? Épinette estima qu'il ne fallait pas trop s'en approcher, montra le dépôt argent s'y étant amassé et qui tourbillonnait ; milliards de formes en animalcules vidés ou émondés de leur chair bientôt se dispersant en des colliers brisés sur une distance et sur des profondeurs incalculables.

Épinette s'écarta, trouva ce qui lui sembla un trône, y fit asseoir Vincent, le coiffa d'algues et s'en retourna chercher des attributs qui n'étaient autres que madrépores en quantité, se mit alors à s'occuper des différents

attelages à queue tronquée. Leur rôle était de décorer les lieux, fluorescence que se repassaient comme de petites lampes d'autres pointes de corail où Épinette, que le courant emmenait puis reprenait, allait encore puiser pour rapporter de quoi enjoliver le bas de la vasque.

Elle montra sa chevelure : des algues ? S'étira les paupières : les perdait-elle ?

On les servit, les habilla de milliers de perles et leur cousit l'indispensable plastron. De grands mouvements fluorescents vinrent derechef les caresser de leurs mamelles discrètes qui toutes allaient donner naissance à ce qui les élèveraient jusqu'à la grève, surtout la petite *morgan*, elle qui ne cessait de pleurer et dont les larmes se transformaient en un semis de choses étincelantes formant un ruissellement qui s'ajoutait au reste.

Ce fut maintenant. Il fit très froid et tout devint lugubre. Épinette se défit des attributs qu'elle devinait déjà, décomposés, s'en aller dans le courant, puis en imaginant la très pénible et quelquefois mortelle sortie des eaux, elle embrassa Vincent.

Quand on les découvrit, les crabes étaient passés par là. Rongée à l'os, la petite grelette avait les bras tendus vers quoi, qu'en restait-il ? Et lui ? Au ventre tiraillé par la vermine et que les arthropodes avaient défiguré.

De par la configuration des lieux on constata que la coque monumentale où les deux petits avaient été trouvés en position de sommeil était un coquillage de

dimension inhabituelle. Nul n'avait jamais vu de bénitier de cette taille. Même la charrette à goémons s'avéra incapable de transporter son dôme calcaire. Ce ne fut qu'ensuite qu'on découvrit le chausson toilé et la chasuble effilochée de la petite, et puis, des jours plus tard, le pantalon crevé du gosse. On ne comprit pas comment ils avaient pu dériver tant, harponnés l'un et l'autre à plus de six milles marins, flottant entre deux eaux, qu'un chalutier ramena.

Quant au corps déchiqueté de la pauvre enfant visée par les suceurs de moelle, chacun se contenta d'en dire que c'était probablement un des exceptionnels maillons de ce qui avait eu cours et existait encore, croyait-on, mais que peut-être, ayant voulu tenter l'initiation proscrite elle n'avait pu revenir.

Un greffier consigna, qui descendit de Bro San Malo en compagnie de deux scribes. Arrivés sur les lieux, les officiers ministériels munis de leur appareil photo se trouvèrent là pour immortaliser les faits, et force fut de constater que les radiolaires et les berniques avaient fait leur travail. Bientôt il n'en existerait plus, de *korriganez* à visage de souris, pas plus de mâlotte si petitement se promenant sous les effets de la lune. Les bribes de chair pantelante que l'eau de mer avait laissées furent étudiées, et plus encore celles du magma grisâtre de la fillette. Le médecin légiste voulut retourner le poignet mais il lui resta dans la main. Que cherchait-il ? Tout

simplement l'os que, à la première phalange du petit doigt de la main gauche, les officiers de justice savaient que les *korrigan* possèdent.

L'homme ramassa très prestement cet élément probant pour le glisser dans son mouchoir, car un déchet de *morgan* se monnayait très cher, et regarda une dernière fois la triste portion de mâchoire et les grands yeux vidés de leurs globes où s'accrochait toujours un peu de matière. On mit cela dans une bâche. Le vent faisait claquer la toile, de lourds nuages gris s'amoncelaient. Chacun, redoutant un grain comme quelquefois il y en avait de violents dans cette anse isolée, eut sans le savoir la même pensée pour une enfant qui attestait *emmy*, comme on disait ici, dans la lande, de ce que beaucoup dans leur jeunesse avaient tenu pour véridique et que l'on présentait encore sous forme de médaillons lors des pardons, car en fin de compte la flaque où l'on avait trouvé les restes de celle qui en toute logique pouvait s'être nommée Petite Épine, dite Épinette, ou *drein*, ne contenait-elle ce que beaucoup refusaient encore de croire ?

On rangea les boîtiers et la colonne de journalistes remonta la falaise. Il y en avait parfois, de ces naufragés enfants ayant voulu manger tout ça, on ne pouvait les retenir, c'était comme une chanson qu'ils auraient composée et se chantaient en avançant vers l'horizon, courageux, téméraires. Plantées au ras du roc, des éoliennes

au front pensif s'articulaient dans un feulement grinçant et sarcastique qui semblait approuver, oui, l'inconscience de l'âge, l'appétit fantastique et l'intrépidité. L'adjoint au maire eut cette idée : pourquoi ne pas ériger une stèle ? On installerait un marbre, y sculpterait la petite *voudig korriganez* à grands yeux tristes. Sur quoi il ajouta que l'or de Plouesfouesnant serait encore pour longtemps les gamins du village, oui, l'or de leur essence et de leur potentiel, qu'il ne faudrait en perdre aucun et que, en quelque sorte, le décès de cette pauvrette servirait de métaphore pour que l'on ne supprimât aucune chapelle ni aucune niche, que toutes ces exceptions iraient s'amenuisant, certes, mais devaient perdurer.

Là, il se tut. Il se demandait : était-ce bien eux, ceux qu'on avait évidemment crus disparus dès la descente du train ? Le vent faisait claquer les frocs et soulevait les hauts-de-forme. Seuls les embruns, intéressés par l'anecdote, avaient paru enclins à apprécier, et quelques mouettes tombaient à ce moment-là d'une aile sur l'autre en des estampes que seuls, dos à la mer, ces mêmes embruns pouvaient saisir, lesquels renchérissaient : « Mon cher, avez-vous vu cette vague, cette autre ! »

Ce qu'on ne dévoila pas, c'est que les deux corps trouvés contenaient seulement de la chair de crabe, car la licorne régnant sur toutes les étendues marines leur avait laissé le choix, à ces deux petits : mourir bêtement

ou perdurer pour une éternité d'algues enchanteresses et de coquillages continûment à leur service.

Pendant ce temps-là, en haut et à l'air libre, les instances de Plouesfouesnant titraient de façon malencontreuse : « Deux enfants rejetés par les flots. »

Mais était-ce bien Vincent et Épinette ? Irresponsables, ces échotiers, parce qu'il leur eût suffit d'interroger les vieilles des environs, et toutes leur auraient dit l'alternative qu'elles connaissaient. Donc on a vu le lendemain toutes ces vieillardes à la sortie de la messe se confier en soupirant : « Mon Dieu ! qu'il y ait seulement encore la possibilité de filer et de dériver vers les abysses ! Que Votre Majesté des fonds proroge la possibilité d'y rencontrer les ampullaires et les cymbiums, les xénophores, d'y croiser les patelles, les delphinules, les strombes, d'y jouer avec les cônes et d'y goûter les transparences émoustillantes que les exégètes du monde moderne ne connaissent pas ! Et pourquoi pas les haliotides et les térèbres ? »

Puis quelques jours passèrent.

À dix degrés à l'est de Kouermanech, il y a une brève poignée d'îlots qu'on nomme la Roche du Rescapé.

On dit qu'au siècle précédent un pauvre hère y a été repêché, qui délirait et prétendait avoir passé toute une semaine au fond. Il racontait la grande murène avec laquelle il avait eu des petits et même failli se marier. On l'avait interné, ce triste individu, puis il s'était tranché les

veines avec une simple cuiller qu'il avait malmenée pendant des mois avant qu'elle ne se brisât et que son tranchant ne l'aide à s'en aller vers d'autres cieux meilleurs. Comme il avait fait don de son corps à la gent scientifique, on découvrit, sans bien savoir de quelle espèce de parasite il s'agissait, que son sang était couru de myriades de minuscules sangsues.

Cela aurait pu ne concerner en rien l'événement qui va suivre, mais tous les gens de la fameuse crique avaient encore cette fabuleuse histoire en tête lorsque, à la tombée de la nuit, certain pêcheur de la région qui venait de finir sa dure journée, ayant relevé un dernier cent de langoustes qu'on entendait encore claquer de la queue, se promenant une dernière fois autour de son récif, avisa un brisant d'où émergeaient quelques cailloux trop menaçants pour qu'il l'accoste. Or éveillé à il ne savait quel mystère il décida, à petit moteur, de s'y avancer malgré tout, surpris alors d'y deviner deux minuscules silhouettes qui grelottaient.

Natif de Kouermanech, il connaissait la passe, savait les quelques mètres envisageables et navigables, s'y engagea en s'inquiétant de petiots si amoindris. Alerte malgré ses soixante et un ans, il manœuvra de façon précautionneuse et, quand le langoustier fut proche, sauta dans l'eau en tenant tout de même sa forte corde d'une main tremblante.

Deux petits aux yeux en forme d'étoiles de mer se tenaient serrés l'un contre l'autre, à peine vêtus d'une

vaste pèlerine en goémons, dont ne restaient plus que les oripeaux verdâtres sucés de partout. Leurs doigts avaient été rongés par de petits crustacés, et leur poitrail, couvert de ces chapeaux chinois qu'on nomme berniques, semblait chétif au point que c'en était attristant. Beaucoup de bernard-l'hermite et d'autres coquillages étaient venus les tester ; voyant qu'ils devaient être encore en vie circulaient çà et là sur leur pauvre épiderme sans oser le ponctionner.

Ni l'un ni l'autre de ces enfants ne répondit. Le brave homme s'alarma, prit d'abord la fillette, la mena à bord du langoustier et la revêtit de quelque chose de chaud en bonne grosse laine. Puis à la suite vint s'emparer du petit garçon au si joli visage qui parut attendri que le vieux se soit d'abord soucié de sa camarade.

Il faisait nuit, les falots de la barcasse venaient d'éclairer les quelques marches taillées dans du granit. Il suffisait de trois pas pour s'occuper des rescapés, les faire asseoir et leur offrir des crêpes et quelques bolées de cidre. Les yeux du petit comme ceux de la petiote étaient à ce moment-là redevenus habituels, leurs mains aussi, qui n'étaient plus palmées jusqu'à l'extrémité des ongles, ces ongles qui désormais luisaient, perlés, avaient un merveilleux orient nettoyé des scories de ce qu'ils avaient dû fuir.

Il fallut que le pauvre homme allât encore les installer dans le fond du car. Au bout d'une route perdue et

tortueuse, dans la nuit d'encre, l'engin emmena ainsi deux enfants fatigués qui ne regardaient même pas les remblais défiler. Peu importaient ces haies désertes, ces landes inhabitées ponctuées de masses fantomatiques qui quelquefois étaient la manifestation de concrétions minérales semées ici ou là et investies par des sorciers devenus eux-mêmes menhirs. La route allait d'ailleurs maintenant en sens inverse, et petit à petit ce qui aurait dû poindre, se mettre à luire et être rationnellement le matin du jour suivant, continuait à renâcler, ne pas vouloir céder la place. Une incroyable obscurité régnait sur les buissons et les remblais inertes, les troncs végétatifs et la prairie en creux.

Alors que la fillette était toujours à demi couchée sur un des sièges, il fut question que ce soit le garçon qui lui tapote la joue, l'éveille. On devinait une masure. C'est là qu'elle retrouverait les siens, et elle le fit sans même avoir jeté un regard au conducteur – qui n'avait pas demandé le prix du passage pour la centaine de kilomètres que les phares du véhicule s'étaient vus incapables de reconnaître bien que parcourue par eux régulièrement. Cela n'étonna nullement ce conducteur, parce qu'il avait noté, au poignet de la fillette, certain cerf blanc de métal comme on en sait se balancer parfois à la main d'une *morgan*, animal révéré qu'il crut entendre lui chuchoter : « Ne t'y fie pas, oui, minuscule, mais néanmoins *drein* qui sait la nuit et les liquides… »

Plousfouesnant dormait. Tout à l'extrémité du bourg, on voyait la bâtisse où habitait Vincent. Quelques volets s'ouvrirent, mais nul ne sut pourtant le petit garçon regagner son huis et tristement se glisser jusqu'à sa chambre. L'édredon du lit clos qui l'avait vu partir lui dit : « Tu as fait beaucoup de peine, tes parents s'inquiétaient, on leur a dit que vous aviez pris un train, quelle idée ? »

Dans sa chambre, étendu, à la lumière de lune qui égayait la pièce d'un vague semblant de clarté le tenant dans un émerveillement lascif, il se demanda dans quel état d'esprit il retrouverait le lendemain Petite Épine. Une seule question lui vint en tête : comment cet organisateur des délassements marins avait-il pu, avec tant d'excellence, se mettre en quatre pour la fameuse polka, ce pas d'autant de petits valets vêtus en hippocampes ? Il se prit à compter, tenta de se les rappeler, et là il s'endormit.

5.

LE DOMAINE DU LYS DE FRANCE

HONORÉ COMPTAIT QUOI, huit ans ? Moment particulier dans l'existence, on devient intéressant, agile, délié et sûr de soi, se croit adulte, n'en est pas loin, posté à cette intersection du monde visible et du dissimulé.

Concernant Honoré on aurait eu du mal à lui donner un âge. Dans son visage crédule aux joues modelées comme celles d'un marbre vivant et doux, sorte de Donatello penché sur quelque chose de minuscule et qui l'intéressait, ne se distinguait aucun des caractères du petit enfant conventionnel ; non, il était secret, une lassitude adulte semblait le parcourir et l'habiter jusqu'aux paupières, qui, pendant qu'il dormait pouvaient contenir le rêve, l'imaginaire qui continuait en lui, similaire, dissocié, et le conduisait vers des rivages invraisemblables alors que dans la nuit et les noirceurs de la grande ville qu'il habitait et sur laquelle étaient tombés un froid d'hiver et des flocons légers, on entendait au loin le cri de femmes qui rentraient seules tandis que d'autres étaient au chaud, confortablement installées au sein d'une famille religieuse.

Il ne s'inquiétait pas de savoir que le monde fût triste ou laid, parfois dangereux, levait le doigt en classe, interrogeait le maître ou la maîtresse : « Les hommes sont-ils cruels ? », pensant rarement à ce qu'il disait, n'ayant prononcé cela que pour amener son interlocuteur à s'interroger de son côté, mais l'enseignant ou l'enseignante ne tombaient pas dans le piège et leur réponse était très souvent évasive : « Occupe-toi de ton travail, calcule, fais ce qu'on te demande… »

Et Honoré exécutait tout ça très bien. Le meilleur de sa classe, presque. Il regardait dehors, se moquait de ne pas avoir d'amis de son âge ; toujours il lui semblait qu'autre chose le suivait, se matérialisait sans qu'il le sache pour le secourir ou pour l'élever au-delà des événements. Il ne s'inquiétait pas de son sort, pas plus des ondes vibrant parfois à ses côtés et ne provoquant chez lui la moindre peur, au contraire, comme une seconde nature lui indiquant certains passages indiscernables pour d'autres.

Que voyait-il ? Avec ce que nous savons, il est concevable qu'il devait voir déjà *La maison de France.* C'est très impressionnant de se le rappeler, oui, il était précoce, ou avait hérité de quelque chose d'inhabituel que ses parents ne pouvaient appréhender et que nul n'aurait saisi en le regardant, donc personne ne comprit les circonstances au cours desquelles on le déclara un jour définitivement quoi, disparu ?

Oui, ce doit être ça. Mais reprenons : le père était un ingénieur dont l'essentiel du temps se déroulait dans une petite bâtisse perdue au bout d'une départementale finissant en chemin de terre. Au beau milieu des champs et des vallons, Honoré s'éveillait. La valeur du soleil ou celle d'une matinée de printemps pénétraient son cerveau et il ouvrait les yeux, allait se servir un peu de chocolat chaud, se beurrait une tartine.

Ayant pour habitude et pour destination un bois qu'il connaissait, il devait, pour l'atteindre, franchir de fastidieux labours aux dénivellations et aux bosselages où de gros lombrics se prélassaient en profitant de tous les instants de rosée. Honoré avançait. Où se rendait-il ? Sa mère devait cuisiner un civet de lièvre pendant que son père vissait, clouait, était dans le fond d'un appentis à installer un rien de voilure sur un trois-mâts en miniature qui lui demanderait des semaines de peaufinage, se reculant parfois pour estimer sa coque passée à la teinture de noix.

C'était évidemment une maisonnée charmante et calme, douce, on ne se souciait que d'écriture et de lecture, la mère disait les songes qu'elle écrivait et quelquefois jouait du piano, un petit instrument droit acheté un jour par charité à une vieille femme des environs. À l'heure du déjeuner, vers midi, on entendait clairement les pas de quelqu'un qui sifflotait, et Honoré, revenant d'on ne savait quel endroit relativement lointain et

forestier où il était allé identifier certaines hypothèses personnelles, entrait dans la fermette à petites tuiles rousses en jetant son mince paletot sur le dos d'une chaise. Décoiffé, les joues rouges, il semblait satisfait comme s'il avait conclu cette aventure avec bien plus d'acharnement qu'il n'en fallait pour réussir un civet de lièvre ou une maquette de vieux galion.

Alors on se restaurait, matelote, pâtés, et les odeurs de la bonne chère circulaient gentiment dans la pièce basse où quelquefois venait se prélasser un chat nommé Ciboule, tout jeune et apparu des semaines plus tôt sans que nul sache comment, égaré là, miaulant, adopté sur-le-champ, qu'Honoré chérissait. Il grimpait sur la table, chipait un peu de ceci, cela, voulait absolument qu'on lui touche les moustaches, se ramassait bientôt en une souplesse à l'ingéniosité inégalable et s'en repartait à la manière des chats.

Ciboule suivait parfois son maître dans les labours, mais s'en lassait, alors il s'arrêtait, levait son nez, et ses pupilles à deux traits d'or regardaient attentivement le petit garçon qui s'en allait en direction du Bois français.

C'était l'appellation que tous donnaient à un domaine d'une cinquantaine d'hectares. Personne dans la commune n'aurait su dire pourquoi, ni dénicher l'explication sur un cadastre. Une fois, à l'occasion d'un vide-grenier où quelques paysans s'étaient regroupés pour comparer leurs vieilles reliques, pièces de mon-

naie, faïences, gravures anciennes et photos de guerre, quelqu'un avait sorti l'opuscule authentique d'une inconcevable forêt entièrement démembrée où se trouvaient répertoriées les coupes autant que la délimitation de parcelles invalidées ou rectifiées. L'index d'Honoré s'était posé là-dessus. Il s'était étonné que cette assemblée de braves gens remarque qu'il s'y intéressât, et encore plus de le voir négocier ce simple ouvrage où, à la plume, était inscrit en vieux patois : le Bois français. Ayant sorti de sa poche quelques piécettes pour l'acquérir, il l'enroulait, le glissait sous sa vareuse et s'en allait réintégrer la fermette de son père.

On lui avait dédié un lit d'enfant avec un confortable sommier, mais il considérait plus naturel de s'allonger à même le sol, et sa maman le récupérait ainsi à l'une où l'autre des places fétiches du clos, couché en chien de fusil entre deux bouquets de buis, ou ramassé au bas d'une marche, sur le gravier, ayant parfois dans son endormissement la joue piquetée de minuscules grains de sable, au creux de la paume une poignée de terre.

Il parlait peu, ou répondait des choses irraisonnées, de sorte que ses parents ne comprenaient pas si un pareil savoir lui venait d'études particulières ou s'il inventait. Il leur disait une grande demeure que lui seul connaissait et où des armoiries royales couvraient les murs. Où avait-il vu ça ? On ne partait en promenade que pour de courts trajets en emportant eau minérale et fruits,

quelquefois un sandwich, mais lui revenait à l'illusion de sa découverte, voulait faire partager ce qu'il évoquait de vastes salles où des brassées de lumière passaient en s'attardant au long de tapisseries dont les motifs représentaient toujours des scènes de chasse, dames et seigneurs entourés de cerfs et d'animaux, licornes, lapins ou lièvres, la blanche hermine agrémentée de fougères.

Or étrangement il suffisait que les parents soient là pour que le paysage change et que les lointains communément décrits par Honoré ne se montrent pas, alors on s'en retournait en le moquant gentiment, le traitait de damoiseau, lui inventait des petits chapeaux pointus de troubadour ou de ménestrel, lui supposait des fables mettant en scène tout ce qu'il leur affirmait.

Mais il restait serein : liseron, acanthe, embellissements communément enluminés d'arceaux ou de symétries répertoriés et restitués par le détail : lion à deux têtes, clés de gueules sur ciel d'azur, massue parée d'une coupe. Pour ce travail très abouti, il fallait l'encre de Chine et les plumes d'architecte. Il travaillait, ce qui voulait dire qu'il dessinait, reproduisait consciencieusement les différents écus des châteaux éloignés, Comminges ou Luynes, Compiègne. Puis il devint discret, confidentiel, caché, n'en parla plus, ferma sa porte. En lisant ses carnets, plus tard, il fallut bien admettre que c'était quelqu'un de très important qui les lui transmettait, parfois les rectifiait, ces mises à plat et ces rendus qu'il rappor-

tait en de grands rouleaux dûment scellés d'un cachet de cire dont les parents n'avaient pas bien compris d'où les rubans ni d'où les sceaux provenaient. Puis une épure plus nette encore où ce qu'il avait tenté de reproduire laissait deviner des bâtiments et des coursives formant un assemblage œuvré en des estompes de différente facture selon des procédés divers pour indiquer la perspective et la lumière, s'y affinant crénelures, vantaux et nefs.

Le cahier se bornait à consigner seulement le nombre des enjambées pour mesurer un lieu et établir certains ajustements impliquant fatalement quelque curiosité chez un adulte, mais pas chez lui. Honoré était froid, compulsait, compilait, classait de façon exclusivement académique les éléments de sa quête, parce que, aurait-il dit, on atteignait alors à la seule science valable : les faits. C'est la raison qui fit qu'on découvrit plus tard que c'était bien Louis XI, oui, en personne, qui l'entraînait à toutes ces facéties, monarque qui le prenait en selle pour le promener avec sa suite d'excellents gentilshommes tous habillés en maraudeurs, un roi mendiant hirsute et sentant fort qui s'enorgueillissait parfois de sauter de cheval afin d'aider cet écuyer enfant nouvellement apparu parmi tous les piqueurs et les souffleurs de trompe à poser pied à terre en le mandant qu'il s'approchât d'une fleur très chère à tous : le lys.

Honoré en revenait couvert d'orties et piqueté de mousse. « Va te secouer, te nettoyer ! » lançait sa mère

en s'amusant de ce fils que finalement elle adorait voir aller seul dans cette étrange forêt et en revenir heureux sans juger bon de dire à son père de quoi il retournait, qui le voyant accumuler ces armoiries très soigneusement reproduites sans en comprendre le sens riait crânement. La mère était à cet instant en train de piquer quelques gousses d'ail dans un gigot, demandait au petit d'aller trancher du pain et de mettre la table. Puis, à l'heure de la sieste, pendant que les deux parents retournaient à leurs occupations, Honoré se relevait, enfilait ses pantoufles – ses « chausses », aurait-il dit –, se revêtait de ce qu'il appelait sa « cotte », plastron qu'il s'était fait lui-même à l'aide de ronces tressées, puis s'écartait de la longue bâtisse en prenant soin de ne pas faire grincer la porte donnant sur la prairie.

Qu'allait-il visiter ? Une forteresse de chênes de toute nature, pédonculés ou pubescents, hêtraies en cathédrale à lourd tapis de feuilles mouillées ou mortes, les bouleaux naturels colonisés par des chaos rocheux et autres dénivelés instables. Comme personne n'y entrait, personne n'avait l'idée qu'il s'y trouvait des végétaux d'une taille phénoménale et des trouées de feuillages où les sentes de lumière se succédaient en discourant entre elles. Oui, les clartés se parlent. Honoré constatait, entendait ce qu'elles disaient, par exemple : « Avez-vous vu, très chère, dans le frémissement de l'aurore, ce petit écureuil nain sommé de laisser ses noix pour s'enfiler dans le trou du hêtre ? »

La seconde, avec un fort accent de printemps lui montant à la tête, lui rétorquait : « Certainement, Mélusine – était-ce son nom ? –, car savez-vous qu'à l'aide de mon rayon de lumière j'ai dû lui indiquer le chemin afin que le carnassier qui le poursuivait en restât coi !

– Ah, c'était vous ! »

Et ces clairières de cathédrale fleurie en riaient d'aise, se renvoyaient des politesses, puis tout à coup se taisaient en devinant sous le feuillage, à leur pied, quelqu'un marcher. Quelqu'un ? Un petit qui paraissait fort affairé en pénétrant par le lacis. On entrait dans le sacré, et Honoré, qui s'inquiétait parfois de choses n'existant pas ou se demandait si ses observations n'étaient pas nées tout simplement d'un dérangement de l'esprit, devait, pour vérifier, aller au bas d'un tronc déterminé décrire tout haut le dernier blason achevé. C'était lequel, à gousset, à bordure en chevron ? Ou le suivant, d'azur et d'or, tout à fait symétrique, tiercé en fasce à six, à huit ou seize quartiers. L'arbre lui répondait que cette étude aussi l'intéressait, lui posait cette question : « Que diriez-vous, jeune sire, si vous aviez à établir l'ornement étant le vôtre, que dessineriez-vous des armoiries disant vos fantaisies et vos couleurs ? »

Honoré rétorquait : pièce honorable et modifiée, vidée, cléchée. L'arbre ne se départait pas de son calme. De par sa haute lignée qui le faisait prendre pour un araucaria comme il en pousse entre les Andes et l'Océan, peut-être choisirait-il lui-même le fond orange et rouge des armes

d'Aragon ? Les deux s'interrogeaient, l'enfant assis au bas du tronc et l'arbre touchant aux nues. Le premier aimait le dauphin et les merlettes, mais admirait aussi les alérions, aiglons en embuscade, ou bien l'emblème de la sirène affrontée de léopard, ou motifs en soutien, en cimier. Alors l'arbre indiquait : « J'ai décidé de bien évidemment m'en remettre à ma condition végétale, je te l'accorde, et validerais pour moi l'intéressant motif de l'aquilon. Le connais-tu ? »

Honoré crut se souvenir ; ce dessin peu gracieux représente un angelot qui souffle sur un tronc, allégorie montrant la force du végétal. Puis il se levait. Il était l'heure et l'arbre s'était tu. Force était d'en déduire la pleine réalité de ce qu'il avait devant lui des échappées dissimulées dans les obscurités du colossal pourtour lui murmurant bientôt des mots très doux, ces mots qu'une protection d'humus et de feuilles eût susurrés à un enfant pour le guider, les lui feulant à son oreille, le dirigeant, facilitant sa marche.

Et Honoré se trouvait en vue du mystérieux domaine. C'en était un, évidemment, que paradoxalement il n'avait même jamais noté sur l'un ou l'autre des livres traitant de duchés ou de chevalerie. Il avait étudié les façades de Chambord, Chenonceau, appris à reconnaître certaines des plus secrètes enseignes du Val de Loire, Bourges, Cléry, Valençay, celles des joyaux autour des affluents de l'Indre, du Cher, mais jamais celle de ce trésor ruiné dont il n'aurait su dire la dimension.

Avec un recueillement teinté de passion, silencieux, mesurant la hardiesse d'une avancée pareille vers cette débauche de plantes déracinées et de contreforts démis, il ne s'interdisait de franchir les derniers pas le séparant d'un petit massif noirâtre taillé en cône dont il savait qu'il signifiait la délimitation d'avec le monde réel – ou, pour dire autrement, quelque endroit interdit avant la majesté de la longue allée flanquée de ses biches de pierre menant elle-même aux marches éboulées d'un escalier en double fer à cheval dont les arceaux, une fois à dextre et une fois à senestre, s'envolaient avec grâce en évoquant celui de Cour-Cheverny.

Nous savons ces travaux par la lecture des notes qu'Honoré rédigeait, se bornant à consigner ce qu'il avait vu, se fortifiant dans une démarche très éloignée de son âge pour reproduire la dimension des vestibules boisés d'autant d'étages donnant sur les jardins ainsi que les donjons et les bâtis moins importants.

D'aucuns se seraient imaginé poutres et cintres grandement inhabituels, mais un homme bien construit eût pu, le bras tendu, toucher à ces plafonds bleu roi, ces tentures et draperies à dominante pastel ou assombries de turquin que quelquefois l'éclat d'un casque ou d'une armure très finement ouvragés venait ponctuer d'ornements mats.

Au retour, de nuit, dans son petit lit, sanglé depuis que sa mère craignait de le retrouver perdu, Honoré

resongeait avec émerveillement aux divers éléments en ogive ou croisés, ces pilastres, ces voûtes, et il se tenait au creux de son drap, armé d'une simple bougie, pour gommer les erreurs, raturer, progressant petit à petit dans ces restitutions. Traverses et moulures dont il savait jusqu'aux dormants et aux battants ornés de scènes disant les faunes et les angelots tandis qu'à l'extérieur des poivrières et des bretèches, des meurtrières et des mâchicoulis flanquaient d'entailles des fortifications qu'aucune faction ni corps de garde ne protégeaient. Des suzerains libertins venaient s'y divertir. Il fallait le taire, que de tels moribonds se retrouvaient au bas des tours semées elles-mêmes de lices et de chemins de ronde. Chapiteaux et vitraux, macarons, bas-reliefs, orbes à plein cintre ou en ogive dont Honoré savait le précis : l'intérieur du bâti se nommait *intrados*, tandis que l'extérieur avait nom *extrados*. Puis des subtilités tel l'œil de la volute nécessitant tout un savoir qu'il ne pouvait détenir, or ses schémas étaient à ce point achevés, si finement restitués, que ceux qui les découvrirent ne purent admettre qu'ils fussent réellement de lui, imaginant plutôt le travail d'un aîné ou, mieux, de quelque suzerain des environs qui l'assistait, l'aidait.

Non, aucune aide. Son père ne put en croire ses yeux lorsqu'il s'en rendit compte, et sa mère également, elle qui n'avait pour tout diplôme que son lointain certificat d'études et qui s'était seulement souciée, de nuit, d'aller

fouiller quelques tiroirs pour y finir par dénicher le manifeste établissant dans l'intégralité les proportions et arguments d'architecture auxquels, de longues semaines en donnant l'impression de s'être uniquement promené, l'enfant s'était dévoué de façon intense. Il avait donc atteint la perfection pour toutes ces arabesques carolingiennes ou Renaissance, s'était même appliqué à reproduire intégralement l'arbre des Capétiens, avait, à une échelle bien moindre mais parfaitement exacte, tracé in extenso la lanterne de Chambord, elle et de flamboyants rampants ou infléchis constituant l'exhaustif des armoiries d'une quantité de lignées. On pouvait suivre ainsi, dans sa totalité, l'arborescence de toutes les provinces faisant la France d'alors, qu'Honoré désirait précise et exhaustive.

Il fallut lire ceci : autour d'une table marquetée de figures médiévales que supportaient des pieds en pattes de lion flanqués de leurs écussons, au hasard de coussins garnis de velours où nulle préséance n'avait cours, les régnants s'installaient sans hiérarchie aucune, se lançaient des défis, allaient bientôt se servir au long d'un vaste buffet garni en charcuteries ou en gibier, s'attardaient à un second couvert de pâtisseries, de volailles, tandis que s'initiaient petit à petit, de place en place, divers propos légers d'entre tous ces guillotinés, assassinés, empoisonnés, ou quelquefois la simple conversation de dignitaires ayant fini, eux, de leur belle mort, coiffés et dans un lit, vêtus de la robe à lys chamarrée d'or.

Entre les mets et les couverts se propageaient bientôt les affrontements de Bourbons et d'Orléans. Rois décatis à cheveux neigeux et joues cadavériques, perclus de courbatures, d'arthrose, sclérosés, couperosés, fripés, mités, mangés par tous ces siècles au sein de sépultures sises dans des lieux le plus souvent dénués de chauffage.

Et l'on en venait à évoquer les folles amours qui quelquefois avaient œuvré à redresser la France. Indubitablement de jolis noms, les patronymes chantants quelquefois usurpés mais toujours gouleyants, car ne comparait-on, à des siècles de distance, la condition de ceux ou celles dont l'essentiel avait été exclusivement l'appétence de la chair ? Là, les rires reprenaient. *Dieu et mon roi.* Une érosion du temps, un glissement sémantique, romantique, leur faisait supposer qu'un siècle futur en serait un jour à croire leurs amitiés et concubines faites autrement ! On trinquait derechef, vantait l'une, citait l'autre, et là, surpris, découvrait en bout de table un petit être fluet que nul n'avait remarqué : Honoré.

Pour une desserte de si grande taille, on l'avait installé sur une chaise rehaussée cloutée de pierreries, où, adossé au pouf de facture orientale ponctué de glands tissés à fils d'argent, il semblait attentif, lui-même vêtu de bleu, ce bleu indispensable dévolu à ces fastes, un

bleu royal, toujours en harmonie avec tous les tissages à l'aide desquels étaient ourdies nombre de tapisseries.

Posant leurs yeux de monarques morts sur cet enfant vivant, les décédés levaient alors leur verre à ce gentil maillon d'un siècle postérieur qu'ils ne connaissaient pas. Avisant sa défroque, eux qui ne s'aventuraient jamais hors de leur fief se demandaient lequel l'avait cueilli ou en aurait souvenance. Charles le Bon, sa mine de palefrenier, sa verrue sur la lèvre justifiant les moqueries ? Ou bien un Plantagenêt, un des Valois ?

Cette fois, l'un d'eux se racla la gorge, se redressa, se leva et s'adressa à Honoré :

« Toi qui nous vois et nous entends, si l'on t'avait légué nos possessions en héritage, qu'aurais-tu fait ? »

Tout le monde se tut, l'agitation cessa, on espérait de ce petit être quelque sagesse comme n'en avaient que rarement les habitués de telles libations désabusées vouées à une morne et chevaleresque éternité où l'on ne cessait de revisiter les gloires passées.

« De ferme en ferme, de village en village, répondit Honoré, je serais allé en m'inquiétant de savoir si la population avait de quoi se vêtir, si les récoltes pourraient suffire et si quelques écoles étaient à enseigner partout de belles et bonnes choses. »

Mais n'était-ce pas ce que dans leur totalité tous avaient eu en tête lors de leur accession au trône, qu'ensuite, sujets à la bonne chère, vaincus par damoiselles et soupirants, entraînés dans les lices…

Il y eut un brouhaha. Jean le Posthume, piqué au vif, se leva et dit avec emphase : « Crois-tu que nous n'en avions conscience ? Mais comprends-tu, c'était un temps fort différent, la peste, les rats… Une guerre a même duré cent ans. Cent ans, te rends-tu compte ? »

Honoré réfléchit. Alors qu'il s'apprêtait à une repartie raisonnable, un autre, Robert le Pieux, ayant régné de 996 à l'an 1031, lui posa cette question : « Et l'Église, qu'en serait-il ? »

Honoré leur confia que désormais c'était ainsi, les chapelles se vidaient, humides, non entretenues, qu'on y voyait parfois de très vieilles gens venir y déposer quelque dahlia à sainte Agnès et s'agenouiller dans la béatitude de nefs où résidaient encore des statues respectables, mais que pour l'essentiel de trop nombreux lieux saints étaient cédés, vendus, transformés en parking, parfois en cabaret ou en friperie, que s'y déroulaient des fêtes et des braderies, qu'ils servaient quelquefois à des expositions et que la population se révoltait de telles avancées d'art exécrable, enfin que le monde moderne avait choisi de tout transformer et que la religion était passée de la haute vénération d'un premier plan emblématique à désormais plus de plan du tout.

Louis VIII le Lion se trouvait à ce moment-là près de Philippe le Hardi, et ils s'étaient regardés sans bien comprendre. Quelle impudence ! Ne coupait-on plus les

têtes, n'écartelait-on plus les hérétiques ? L'indécision flotta sur l'assemblée. Ici, au moins, n'allait pas se présenter quelque vendeur de montres ou de lunettes de plage. On rit, se reversa du vin et les clameurs reprirent. Décidément, ce petit était un drôle. On plaisantait. À l'occasion de telles réjouissances où les liqueurs coulaient abondamment, la discussion revenait inévitablement sur les affaires de grivèlerie, mais plus encore sur nombre de mignonnettes qui, bien que n'étant maintenant que cendre et poudre d'os, leur échauffaient toujours l'esprit, à ces gaillards, leur travaillaient les sens, car toutes ces filles ou femmes étaient encore sujettes, dans leur mémoire, à interrogation, intrigue, répudiation ou pendaison. Ils se rappelaient les jours morbides où dans une tour, de nuit, par un hiver terrible, ils faisaient venir à eux telle intrigante vêtue d'un manteau de loup et nue en dessous. Et cela recommençait le lendemain, le surlendemain.

Le vin coulait, s'épaississait en de grandissantes taches sombres que la nappe absorbait tandis que tous renchérissaient sur la plus apte, la plus fieffée leur ayant pris toute une province avec rivières et villes, ses ponts, ses routes – mais les morts n'aiment-ils pas, ne sont-ils poursuivis pour un temps absolu par les enfers de la passion et travaillés par le tourment de ne pas avoir élucidé ces forfaitures et ces mépris, ces rites et ces soupirs ?

Qu'ils eussent été aimés pour leur esprit ou pour leur embonpoint, là était la question. Nulle de ces créatures qui les avaient hantés n'était depuis conviée à venir les visiter, aucune ne s'engagerait ni ne minauderait par les galeries crevées et les toits effondrés, mais leur souvenir seulement, sous forme de médaillon ou de portrait, ressurgissait au fil des reliquaires. Dans ces cœurs desséchés, elles étaient présentes et pérennes, quelquefois scélérates, ces filles de France, car n'avaient-elles été placées dans le mitan du lit par le Dieu des chrétiens ? Et quelquefois en remerciement d'avoir été pour quelques-uns de ces belliqueux seigneurs combattre pour les Saintes Huiles, œuvré au siège de Saint-Jean-d'Acre ? N'était-ce alors la récompense allouée à ceux qui héritaient de la Fille aînée de l'Église, acceptaient de la servir et d'y risquer leur vie sans craindre le poison, l'enfermement, l'exil ?

Et justement l'un de ces décapités trouva très à propos de vouloir montrer la sienne, de tête, aux yeux absolument figés et roides, qu'il détacha, souleva, posa près de son couvert. La prenant par les cheveux, l'élevant, il demanda le silence et, s'adressant à tous, faquin : « Me reconnaissez-vous ? »

Rires. On revint à ces dames, parfums et grains de beauté, les innocences de villageoises fardées et contrefaites. En haut, dans les galeries, les châsses gardaient les bagues et les camées d'une Isabelle ou d'une Astrée, d'une Anne dite de Bretagne ou d'une Diane de

Poitiers, toutes ces précieuses reliques que les torches faisaient luire lorsque ces affligés avaient la nostalgie d'aller les voir et les toucher. De toutes ces créatures amoureusement chéries par ceux ayant vécu grandement les pleins pouvoirs d'un droit qu'ils étendaient au territoire des sens, on ne retenait que les coucheries et les vassalités où seuls auraient compté l'habit et la parure de grimaçantes menteuses s'en allant aux aurores pour mieux s'amouracher d'un autre, d'un spadassin ou factotum qu'on ferait ensuite brûler en place de Grève ; car en réalité que leur avaient été, à ces souverains, conquêtes et villes en feu, les milliers de morts d'une annexion ou d'une défaite, si de pareilles décisions n'avaient pas eu pour contrepoids un fin corset ôté et quelques minauderies ?

S'intéressant une seconde fois au petit visage précis et concentré d'Honoré attentif qui ne perdait pas une miette de ces propos, les voix se firent plus basses, confidentielles, et le sujet vint à la question le concernant : d'où était-il, connaissait-il le terme de connétable ou de grand échanson, les armes d'Armagnac ou d'Arles et leurs insignes ? Honoré répondit qu'on ne disait pas insignes mais armoiries, en revanche leur demanda s'ils eussent pu détailler les ordres de Saint-Michel, du Saint-Esprit, celui de la Toison d'or ou de Notre-Dame-du-Mont-Carmel, ce qu'ils auraient à en dire entre patté, semé, sommé ou surmonté.

Ils en furent stupéfaits, ne se souvenant pas eux-mêmes de termes qui depuis longtemps n'avaient plus cours, et cherchèrent de nouveau qui leur avait amené ce petit. N'était-ce ce roi vaurien que réhabiliteraient bon nombre d'historiens d'avoir si noblement remembré des terres inconciliables ? « Altesse » – le mot fut dit de façon hautaine et dérangeante, ce rejeton de Charles VII et de Marie d'Anjou, roi de 1461 à 1483, mort à Plessis-lès-Tours, qui devait être ici et sentait le bouc, connu dès l'âge adolescent par la révolte de la Praguerie, y gagnant le Dauphiné avant de se réfugier à la cour de Philippe le Bon, ce Bon que l'on avait croisé par là quelques instant plus tôt et qui aurait pu dire à qui voulait l'entendre les artifices roués du précédent, que rien, à part les hardes et la vénerie, n'intéressait. Or, dans l'axe opposé, une brève querelle venait d'éclater mettant en cause le découpage qu'avait jadis pu faire à son profit un de la lignée carolingienne sur une partie de la Flandre et de la Bourgogne. Quelque arbitre impromptu allait devoir calmer cette rébellion cocasse et avinée en tempérant la bile de pairs ne pouvant plus, du fait de combativité enfuie et de substance exsangue, se disputer ni physiquement ni concrètement la moindre de leurs anciennes provinces, morts qu'ils étaient et toutes leurs possessions depuis et pour toujours défaites, redistribuées ou annexées.

Chacun en était là. On entendit un bruit, roulement de gravier venu de l'extérieur pour l'attelage attendu chargé de ses exotiques aigrettes à panaches bariolés et un carrosse vint s'arrêter dans un vacarme de fiers museaux. Par la grande cour d'honneur, toute la poussière soulevée retomba pour laisser poindre l'éclat d'habits portés à même la peau et constellés de brillants. Un serviteur à teint orange sortit dudit transport pour déplier trois marches escamotables à un rajah. Ce dernier se ressaisissait de la fatigue du long voyage. Il était convié là en invité d'honneur et s'avançait languissamment, compassé, posait son fin talon à boucles chamarrées en lapis-lazuli sur la pierre de Touraine pour, précautionneusement, s'adonisant en tamponnant son front, sous une ombrelle en plumes de différentes espèces, s'approcher pas à pas, cérémonieux envers des lieux chargés d'histoire.

On le pria d'entrer, lui demanda de définir ce que représentait pour lui le Là-bas inconnu. Lui aussi était mort, et depuis longtemps, un temps où les girafes n'étaient encore connues d'aucuns. Au mot girafe, certains le débarrassèrent, le prièrent de les suivre jusqu'au buffet et là le firent servir. On évoqua la Chine, et avec elle d'autres contrées faramineuses et exotiques. S'étant alors assis entre un Condé et un Talleyrand-Périgord, ce potentat admit n'avoir pas constaté lui-même le bouillonnement qu'on attribue généralement au gouffre où se dévident les océans. Il en traça de son doigt la

position hypothétique au-dessus des carafons et l'énonça dans plusieurs langues, en vint aux alphabets que l'on enseignait chez lui, aux nombreux érudits que l'on consultait dans ses jardins. Il affirma que par ses allées de santal et de reposoirs en cloisonné, nul n'appuyait son pied sans prendre garde au moindre vermisseau qui y rampait. Les écraser eût entraîné des conséquences incalculables en relation avec les différents principes d'une religion très stricte.

Il y eut approbation, réprobation, compréhension et interprétation. On le jugea savant, obscur, ne l'interrompit pas quand il parla une seconde fois de cet endroit des mers où tout converge. Voyant ses hôtes à ce point intéressés, il dit les lois qui avaient cours chez lui, la dernière de celles-ci relativement à des Radjpoutes portant des anneaux d'or aux pieds – de redoutés guerriers qu'il valait mieux avoir pour soi. Puis il décrivit les vérandas et les terrasses, la flore, la faune, en vint à comparer les éléphants, les tigres. Or tous les dirigeants d'ici, dans un murmure de désapprobation, furent sur le point de dire que eux aussi avaient leurs innombrables espèces de plantes et d'animaux. Certains de ces gentilshommes se mirent à expliquer la carpe et le brochet, citèrent Buffon. Il y eut contestation, on attaqua, soutint celui que ses contemporains moquaient, disant qu'il écrivait en chemise, et celle-ci à jabot, rappela comme en ce temps-là la religion était, selon ces gens, le « panthéisme naturaliste des primitifs ». Puis débattit de la

célébrité de ducs et de nobliaux, délibéra de l'habitat des loutres, des rats musqués, décrivit les abeilles et leur circumnavigation. À quoi, ne quittant pas sa pose superbe, l'ami du bout des mondes rétorqua ses toucans, ses singes sauteurs et aboyeurs. Piqué au vif par cette spéculation d'une animalité quasiment fantasmée, un prince de sang, dont toute circulation sanguine était évidemment exsangue, vint s'immiscer dans la conversation, arguant que la belette, que le renard... doués d'expérience et difficiles à suivre dans leurs systèmes de protection ou d'organisation de défense. À quoi ledit rajah opposa ses pierreries, les coffres qu'il apportait et fit quérir séant afin d'en faire brasser le contenu sur la grande table, qu'on évalue incontinent ce que représentait l'infinitésimale fraction de ce qu'il détenait et n'avait jugé bon de faire apporter, qui néanmoins ne devait pas laisser d'intéresser individus portant couronne, certes, mais dont les gemmes diverses étaient à ce point ridiculement secondaires que de les comparer à ses rubis parfois gros comme le poing, ses jades ou ses topazes en flots si imposants qu'il était coutumier d'utiliser des treuils pour les porter, des roues, des systèmes à levier, était tout simplement dénué de bon de sens.

Ce propos discourtois n'indisposa personne et l'équipage de pierres multicolores à flamboyants reflets fut bientôt déversé, qui mélangea l'éclat de ses facettes précieuses au chatoiement des coupes que continuaient de remplir des échansons comme matérialisés par le seul

bon vouloir d'une société, qui, cette fois-ci, à entendre évoquer ces lointains fascinants et intriguée de ne les avoir conquis, pillés ou dévastés, tout à coup se rassit, se tut et médita à de tels trésors perdus avec une sombre moue d'altesses froissées.

Honoré sut bientôt toute la charte héraldique. Le vert était sinople, le rouge en gueules, blanc se disait argent, le jaune traduisait l'or. Les yeux dans le vague, se tachant les doigts, heureux, il fut à ce point dans quelque chose de captivant qu'il se peut bien qu'il ait passé alors le pied, la jambe, puis à la fin toute sa personne dans l'univers d'une dimension qui impliquait que celui s'intéressant à elle ne reconnaîtrait plus le vrai du faux, le haut du bas, et encore moins les indécelables démarcations que cette même dimension dissimulait.

Ne le voyant pas réapparaître, ses parents s'inquiétèrent. Aucun des spécialistes des domaines en question ne put expliquer ces faits. Comme lors de la construction de la route coupant l'État du Rondônia, là de moindre envergure, on fit venir des pelleteuses, des engins, tout ce qu'il fallait pour déterrer et éclairer. Des projecteurs et des hélicoptères se relayèrent. À la fin on trouva, mit en lumière l'inclinaison de terrain que même les exégètes des pentes et des déclivités n'avaient pu distinguer. Des jardins en écrin se ramifiaient sur un

parterre si étendu qu'il n'était pas certain que même en l'étudiant on en eût établi le point central, cet univers rendu pourtant dans une des maquettes d'Honoré dont il fallut admettre la pertinence. Le compendieux tracé représentait la mère ou la matrice de toutes les places souveraines réunies en une seule. Son élucidation demanda du temps, tout y semblait relever d'une organisation en ramification florale proche de la fleur amie, le lys, cette liliacée dont se connaît une cinquantaine d'espèces rien que sur l'hémisphère Nord, en conséquence le petit avait nommé sa création : « du Lys de France ».

Un cordon sanitaire fut érigé, et tous les spécialistes des règnes monarchiques comme les savants ou médiévistes fins chevronnés du blasonnement et des pouvoirs occultes furent là. Tous les chercheurs et scientifiques poètes ou écrivains ayant chaîne d'arpenteur, marc de café, boussole ou badine de sourcier vinrent s'essayer à découvrir ne serait-ce qu'un mince détail, une piste… Aucun ne trouva. Envolé, Honoré. Personne n'en exhuma le moindre vestige ni ne mit au jour de trace, d'empreinte, de conséquence ni de corrélation relevant d'un Capétien ou d'un Carolingien, et pas plus d'un Valois. Rien qui aurait été goûté ou ingéré lors des agapes décrites par Honoré. Pas davantage qu'on ne retrouva l'enfant dont un versiculet gravé sur un

piédestal formant terrasse arguait pourtant de la réalité indubitable.

Que l'on ait étudié mieux, cherché avec application à découvrir si une galerie de cette taille et ces bleus roi existaient bien, on y aurait peut-être, sur un placage en camaïeu, et particulièrement celui qui présentait un cadet adoubé ayant le genou à terre, mis au jour le dessin d'un page sur le plastron duquel était un intrigant écu au lion. Une certaine ressemblance avec qui, Honoré ? Les mêmes attendrissantes mèches courtes, le fier menton levé et toute sa frêle identité se destinant à cela, recherche et dévouement pour remembrer ce qui se dénommait longtemps avant *Royaume du lys* – la France, une majesté dont il avait voulu, déçu de la mésintelligence de tout ce qui se produisait ailleurs et de ce qu'enseignait le monde contemporain, conserver l'envergure.

Et plus loin, également, gagné par les orties venues mourir à ses pieds, ce qu'il restait d'une médiévale statue dont on ne récupéra qu'un bloc au fond du troisième parc. Là, basculé au sol, le délicat corps enfantin portait le collier de Saint-Jacques, se tenait le dos droit, avait un genou à terre, et le seul blason sans antériorité que comportait l'ensemble, parfaitement détouré, aisément déchiffrable, montrait un personnage tenant l'écu où il était aisé de lire : « Au senestre échiqueté d'argent, d'azur au lion armé et lampassé de sinople ceint d'une

guirlande à trois grenades de gueules ornant les attributs de saint Clodoald marqués à la devise : comme un arbre ses fruits. »

Honoré, certainement, car cela ressemblait à ce à quoi il travaillait, la pièce de belle facture que se partageraient maintenant les merles et les pinsons, blason à son image où de soucieux lézards, quand le soleil se montre, grimpent et se catapultent pour regagner d'un trait le sombre de leur crevasse.

6.

UNE FANTAISIE

GLYCINEA DEMANDA au réalisateur : « Content de la petite équipe ? », et tout le monde rit. C'était un homme âgé, cheveux poivre et sel, qui toute sa vie avait filmé des choses semblables où il était question de magie et d'inventions à la limite du raisonnable. Durant le tournage on l'avait vu très pointilleux, quelquefois exigeant, faisant preuve de patience avec des comédiens si jeunes et par le fait peu expérimentés, car que demander à des enfants tentant leur chance avec autant de candeur ?

« Vous vous en êtes sortis correctement », dit-il avec un bon sourire, quasiment paternel. « Voyez, j'avais d'abord pensé faire jouer mes nièces, mes arrière-petits-neveux, et puis non, c'est quelquefois intéressant d'aller chercher les rôles où ils existent, ainsi – il s'adressa à Élonita – qui aurait cru qu'il suffisait de se balader sur une falaise pour t'y trouver, hein ? »

Les macaques applaudirent, qui à l'instant cessèrent de se gratter le poil et d'extirper des poux de la

perruque de Zika. On attendait encore qui donc, le grand sachem ?

La fable serait montée, projetée peut-être, mais de tels acteurs hauts comme trois pommes ne la verraient probablement jamais, car c'est ainsi, la vie vous repousse dans des obligations très disparates et l'on oublie parfois ce qui semblait captivant et certainement prioritaire. On rendrait les costumes, entasserait les galons et les belles robes de fleurs ayant servi à la saynète des fiançailles interrompues, partie de l'histoire que les plus jeunes regrettaient toutes de ne pas avoir pu jouer elles-mêmes, et ces atours iraient se défraîchir, on les oublierait, ils faneraient.

Tout en bout de table, les deux petits oubliés : Claire et Lucas, dont l'aventure s'était achevée en plein marasme. Nul ne les connaissait ni ne les avait vus jouer, et pour cause : difficultés classiques du cinéma, comment la production aurait-elle fait pour régler les salaires de quelques milliers de fourmis humaines vêtues de capsules en plastique articulées et peintes en noir indispensables à l'immortelle entrée de la fourmilière si compliquée à éclairer ? Ce serait pour une autre fois. En conséquence, tous les tableaux de galeries et de souterrains de la scène non tournée, murailles de terre ou autres décors obscurs avaient été rangés, démontés et roulés au sol.

Depuis quinze bonnes minutes on grignotait en se promettant de se revoir, sachant qu'une expérience

pareille devait se réitérer, qu'on se parlerait au téléphone, s'écrirait, oui, vers l'Atlas, et même se posterait des cartes postales. La scène se passait au soleil, lieu très coquet en regard des quelques paysages épouvantables ayant été trouvés pour les situations en extérieur, mais pour le reste, la production avait plutôt choisi de reconstituer les grandes installations et reconstruit à l'identique la forteresse du texte – des semaines ! Ou peint, à coups de balais industriels et de serpillières plongées dans du bleu de méthylène, la profondeur des eaux afin d'y faire s'ébattre des cachalots et ce qu'il fallait d'ondines pour simuler les fonds marins. Les petits artistes, impressionnés par de pareils truquages, n'en étaient pas revenus, de simulations dont les effets spéciaux et dont la perfection rendaient tout authentique, ou tout au moins plausible.

La table était maintenant dressée dans un endroit bien protégé du vent, et sur la nappe où tout au bout traînait le matériel des assistants, on venait d'apporter les en-cas, les sandwichs, quelques boissons et amuse-gueules, mais pourquoi pas aussi un peu de caviar et du champagne millésimé ? On se taquinait, se rappelait les blagues, comme ce verre d'eau jeté à Vincent par la totalité des jeunes starlettes quand il avait refusé, devant Épinette, de se déshabiller face au perchman et aux éclairagistes. « Mais c'est un conte, ballot ! » lui avaient-elles lancé en chœur. Il ne trouva pas drôle qu'on reparle

de ça. Assis près d'Honoré, il finissait actuellement une glace à la vanille. Les filles avaient plutôt opté pour quelques fins sorbets individuels. Vincent, bien qu'habitué maintenant à rétorquer des choses d'esprit, se détourna d'elles pour causer un moment avec le conducteur du car l'ayant ramené jusqu'à Plouesfouesnant, et ces demoiselles, estimant tour à tour Honoré et Vincent, se demandèrent lequel, dans un roman réel, elles eussent élu comme chevalier de leur cœur.

On venait d'éparpiller quelques brassées de pétales ayant servi au luxe d'Ayudrayapura, et en les balayant d'un revers de main Épinette expliqua le casier à homards qu'elle gardait devant chez elle et dont elle extrayait de temps à autre un crustacé bleu nuit chamarré de vert-violet – cette fameuse valeur *glaz*, répéta-t-elle aux petits convives pour insister sur ce qui avait été la brève leçon de breton dont elle aurait aimé qu'on la félicitât. Elle ajouta qu'à l'habitant de la mer, elle lui sécurisait les pinces avant de le mettre au court-bouillon. C'est là que le quadrupède ayant servi à doubler Biche dans les séquences de nuit trouva ce détail cruel et lui jeta au visage : « Et nous, si nous te mettions aussi au court-bouillon, hein ? Sorcière de pacotille ! »

Elle lui lança un peu de purée, puis tout le monde se calma. On se connaissait mieux, désormais, chacun avait trouvé cette entreprise valorisante, on n'allait pas se quitter sur des chicanes, or c'est pourtant ce que conti-

nuaient à faire les deux ou trois macaques hilares qui redoublaient de salamalecs, se coursaient sous la table. Ce fut l'heure. Le transport qui devait emmener tout le monde allait bientôt se garer, chacun tendait l'oreille.

Ramassant ses affaires et son tutu de danseuse n'ayant pas servi à grand-chose, Anouchka, la petite enfant d'Ukraine, s'impatientait, car c'était en avion qu'elle retournait chez elle, et toutes ces politesses allaient lui faire rater son vol. On remballait maintenant tous les bijoux et les soieries. Perle demanda la permission d'en prendre pour les montrer à ceux de sa classe, sans cela personne ne la croirait. Biche en voulut aussi, qui à l'instant léchait de sa langue râpeuse les quelques grains de caviar auxquels toute la tablée préférait le chocolat des deux ou trois tablettes qu'une maquilleuse venait d'apporter.

« Au revoir, tout le monde ! avait dit cette dernière avec tendresse. Et souvenez-vous : n'oubliez pas de tout raconter à vos parents, ces lâches qui n'ont même pas téléphoné pendant le tournage ! »

Perle venait de rattraper Anouchka au passage et elle la fit rasseoir : « Et ta mouche ?

– Ma mouche ? »

Elle avait oublié. C'est vrai que là-bas on s'en plaçait encore en haut de la joue, que ce détail disait, suivant la position, la taille, si on s'était levé du bon pied ou si le galant devait passer son chemin. Cette invention avait

rendu admiratives toutes les filles du tournage. Ouvrant sa boîte à mouches, Anouchka choisit celle qui voulait dire « nous nous reverrons », sortit un petit miroir de poche et se détailla longuement. D'un coup de baguette magique, sous les applaudissements de la petite fratrie, en pouffant de rire, elle s'appliqua la pastille noire sous l'œil !

Mais Honoré ? Habituellement, une habilleuse venait le réveiller et le préparait. Toujours en retard sur le plateau, à peine coiffé, demandant sa mère, qui bien évidemment n'était pas là. C'était gentil. Cela jusqu'au jour de la statue retrouvée dans le fameux bois. Il en était sorti plein de sable et de brindilles dans les cheveux, de cet enterrement factice, puis après une bonne douche, requinqué, pomponné, devait retrouver sa famille, non pas à la campagne mais au bord de la mer.

C'était une crique privilégiée où les pins maritimes et les fleurs embaumantes se partageaient des petits sentiers au-dessus de belles avancées de rochers. On y voyait parfois, dans les crevasses, quelques pêcheurs de grosses crevettes appelées bouquets, ou bien encore des couples de personnes âgées se promenant en espadrilles pour profiter jusqu'aux derniers rayons d'un soleil amical.

Avec son petit salaire d'une semaine de tournage, qu'allait-il faire, s'acheter gilet, cravate ? C'était de son âge, de quoi impressionner la seule des comédiennes qui

lui restait dans le cœur, Perle, elle qu'il ne reverrait pas car n'ayant su faire preuve de la témérité indispensable pour lui demander son téléphone. Mais la vraie Perle, pas la grande gourde de dix-huit ans qui jouait la scène finale, non, celle d'origine, de Biche, celle de la communale et de la forêt du tout début de la fable.

En se baladant dans le petit bois menant à la plage, il se souvenait comme il la regardait de loin pendant les pauses, la détaillait à ces moments où elle réfléchissait en écrivant des petits poèmes qu'elle refermait bien vite et ne voulait pas faire lire, même à lui. Une artiste, quoi ! C'est ce qu'avait dit aussi l'homme distingué qui tenait le rôle de l'écrivain adulte d'Ayudrayapura. Il avait proposé, dans sa décapotable, de déposer Honoré et de lui porter sa grosse valise jusqu'au compartiment. Assis dans le train, Honoré s'en voulait de ne pas avoir passé plus temps près de celle dont il ne connaissait même pas le prénom. Perle était inventé, un nom de scène. De quoi regretter de ne pas avoir parlé longuement avec cette enfantine actrice qui s'ennuyait, ne comprenait pas vraiment la trame du texte ni de ce qu'elle était censée incarner auprès de Biche quand tous lui répétaient : « Mais tu es Biche, maintenant tu fais comme si, tu cours, te baisses, ramasses des glands. »

Elle devait être un peu fragile, niaise, attardée, mais cela convenait à Honoré qui se méfiait des matures. Ayant retrouvé ses marques, reparti par les itinéraires

qu'il connaissait, fleurant bon la résine, les pins, c'est ce qu'il se répétait en arrivant à cet endroit du chemin où un petit écriteau, au sommet de la falaise, incitait à poursuivre en détournant le regard, baisser les yeux pour ne pas tomber dans la fascination de ce que procurait fatalement la vue de trois inquiétantes villas dissimulées au fond d'une fantastique allée boisée. Des troncs, des lianes, de grandes espèces de fleurs et d'arbres grandiloquents. Honoré continuait par le parcours que ses parents craignaient toujours qu'il ne prenne pas, évitait soigneusement l'endroit ensorcelé où en réalité personne n'allait.

À l'heure du déjeuner, les parents pique-niquaient. La mer était au loin, étale, le sable brûlait la plage comme un creuset de clarté où toute une ribambelle de parasols se donnaient rendez-vous pour la gentille cérémonie des serviettes étendues, des chapeaux de paille, des boissons fraîches et des œufs durs que l'on se proposait d'une toile de tente à l'autre en discourant :

« Que vous êtes élégante ! Et comment va Albin, votre garçon de six ans ?

– Très bien, et vous, vos deux pâlottes, Hélène et Isabelle ?

– Merci, toutes les deux sont là-bas, dans la crique, avec leur petits crabes, n'est-ce pas… »

Puis un silence.

« Avez-vous su qu'on a perdu Lucien, un de plus ?

– Ah bon ? Je ne savais pas. »

Les deux familles, dont les messieurs avaient reposé une tasse de thé, cessaient de compter les points de leur donne de bridge, se raclaient la gorge, et tous n'avaient alors en tête que les trois villas.

La première se nommait *Amour*, la seconde *Le Monde*, et la troisième, inaccessible et certainement sournoise : *Le Rêve.* Au soir, en remontant, on comptait les enfants. Il en manquait toujours. On ne savait pas laquelle de ces traîtresses avait choisi de séduire ou d'attirer, d'écarter du droit chemin un petit curieux. Les parents portaient le deuil. Pourquoi ces impatients ne s'intéressaient-ils pas seulement et uniquement à ce jardin de soleil enchanté et charmant qu'était la plage ? Mais non, car quelques-uns étaient si vifs et intrépides qu'ils ne se contentaient pas de baignades ni de châteaux de sable, et les amies de leur âge alors vite attristées qu'un de leurs champions aille disparaître, gobé par l'une des trois demeures suspectes : *Amour*, *Le Monde*, *Le Rêve*.

Allégorie pompeuse de ce que ces impatients auraient à vivre, on ne savait que très peu de choses de telles constructions parfois hantées et parfois non : la première minuscule, presque invisible sous ses buissons de colchiques et de roses trémières, dont les volets toujours fermés laissaient, entre leurs lattes étrangement peintes de coloris pastel, passer une douce musique énigmatique : du Chopin, une cantate, parfois la *Valse triste*. Or

c'était bien la seconde, que tout le monde redoutait : *Le Monde*, son corps central fait pour les réceptions, les salons étudiés, le luxe, les beaux plastrons et les draperies, quelques décorations luisant çà et là mais également deux ailes se refermant comme des serres de rapace sur des communs où s'alignaient de nouvelles suites de pièces ornées d'embrasses et disponibles à ceux qui espéraient atteindre ici à des richesses ne se dilapidant pas. Voilà ce qu'on croyait déceler sans en approcher trop, tout cela qui résonnait de bruits de vaisselles princières et disparates, où se devinaient les tables jamais débarrassées de ceux qui s'affairaient là-dedans à des espiègleries. La finance, la lumière, sûrement aussi toute la vénalité de femmes dont les silhouettes se découpaient aux pires heures de la nuit lorsque brillaient encore les candélabres et les feux de cheminée. Une forge, un âtre horrible où s'affairait un peuple occupé à voler, forniquer, vandaliser et assommer.

Mais la troisième ?

Oh, elle était jolie, celle-ci, étrange, semblait d'ailleurs ne correspondre en rien à une image réelle et intangible suivant les jours où elle était visible. Biscornue, inégale, avec parfois son très étrange sourire en forme de sollicitation qui voulait dire : « Passez votre chemin, de grâce écartez-vous, je ne suis pas celle qu'on dit reconnaissante, aimante. On prétend que le rêve est une partie de la vie ? N'écoutez pas, contentez-vous de vos joies et de vos chagrins, vos instants délicieux, ce quelque chose

qui n'a pas de poids, pas d'axe, pas de mémoire, pas de futur. »

Ce matin-là, Honoré était resté planté un certain temps au fond de l'allée bosselée baignée de lumière. L'envie lui était venue comme ça, la puberté, l'émoi, ce quelque chose dans l'atmosphère qui dit qu'on peut tout avaler, tout mordre. Alors laquelle des trois ? Car pour quelqu'un qui avait joué les fanfarons donnant la répartie à des rois de France, ce ne serait pas ces villas qui lui interdiraient de se confronter à la réalité du monde. Donc il se décida : celle-ci, à la façade œuvrée de minuscules orfèvreries comme en ont les horloges et les beffrois des villes anciennes : *Le Rêve.*

Et alors il entra.

Table

DU MÊME AUTEUR

WISUT KASAT, 1986, Les Belles Lettres.

CHAMBRES D'ASIE, 1987, Aubier-Montaigne.

AQUI TE ESPERO, 1994, Les Belles Lettres.

72 HEURES À ANGKOR, 2000, Les Belles Lettres.

LES PETITES BOTTES VERTES, 2007, Gallimard.

À LA POURSUITE DU FACTEUR CHEVAL, 2008, Gallimard.

VISAGE D'UN DIEU INCA, 2011, Gallimard.

JOURNÉES ENSOLEILLÉES, 2011, Favre.

ÉPHÉMÈRE, 2014, Filigranes éditions.

MANSETLANDIA – *Escales*, 2017, Favre.

CUPIDON DE LA NUIT, 2018, Albin Michel.

Composition : IGS-CP
Impression : CPI Bussière en octobre 2019
Éditions Albin Michel
22, rue Huyghens, 75014 Paris
www.albin-michel.fr

ISBN : 978-2-226-40211-0
N° d'édition : 22906/01 – N° d'impression : 2044391
Dépôt légal : novembre 2019
Imprimé en France